CRIS KERR

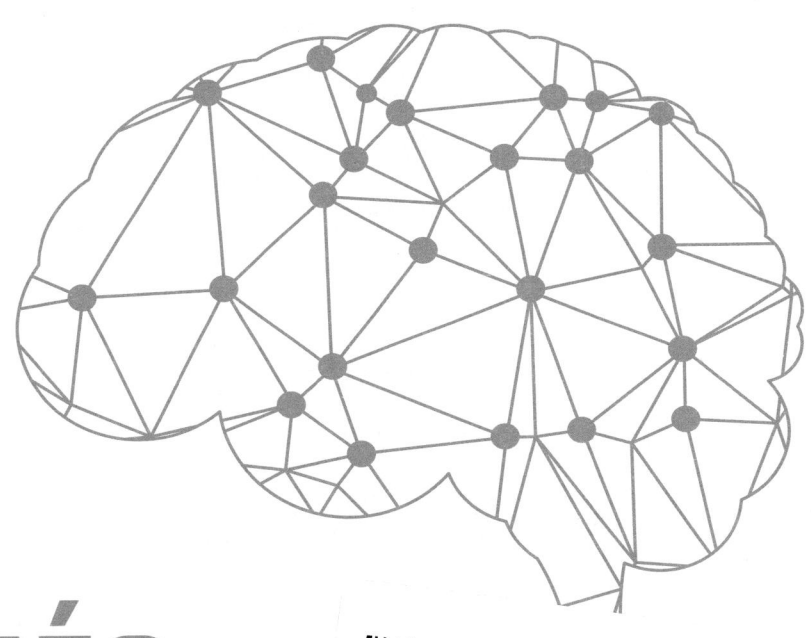

VIÉS
INCONSCIENTE

Copyright© 2021 by Literare Books International.
Todos os direitos desta edição são reservados à Literare Books International.

Presidente do conselho:
Maurício Sita

Presidente:
Alessandra Ksenhuck

Vice-presidentes:
Cláudia Pires e Julyana Rosa

Diretora de projetos:
Gleide Santos

Assistente de projetos:
Amanda Leite

Capa, projeto gráfico e diagramação:
Gabriel Uchima

Vetor:
Freepik

Revisão:
Rodrigo Rainho

Impressão:
Printi

Dados Internacionais de Catalogação na Publicação (CIP)
(eDOC BRASIL, Belo Horizonte/MG)

K41v Kerr, Cris.
      Viés inconsciente / Cris Kerr. – São Paulo, SP: Literare Books International, 2021.
      16 x 23 cm

      ISBN 978-65-5922-206-3

      1. Literatura de não-ficção. 2. Corporações – Inclusão social. 3. Diversidade no ambiente de trabalho. I. Título.
      CDD 650.1

Elaborado por Maurício Amormino Júnior – CRB6/2422

Literare Books International.
Alameda dos Guatás, 102 – Saúde – São Paulo, SP.
CEP 04053-040
Fone: +55 (0**11) 2659-0968
site: www.literarebooks.com.br
e-mail: literare@literarebooks.com.br

À minha filha, Beatriz, por quem tenho o maior amor do mundo e é a principal razão por eu trilhar este caminho mais justo e igualitário para as mulheres e todas as pessoas de grupos minorizados.

"Preferimos acreditar que somos pessoas sem preconceitos, mas as pesquisas mostram o contrário. Essa é uma constatação desconfortável para a maioria de nós. O primeiro passo para derrotar nossos preconceitos inconscientes é sermos honestos e honestas conosco sobre como realmente nos sentimos em relação às pessoas de outros grupos. Ter um viés não é o fim do mundo, a única vergonha é se você não fizer nenhum esforço para melhorar."

Mahzarin Banaji,
psicóloga e professora na Universidade de Harvard

PREFÁCIO:
ABRIR A MENTE PARA A DIVERSIDADE

Sempre me preocupei com a diversidade em todos os seus aspectos, mesmo quando o assunto ainda não era uma preocupação da maioria das empresas. Entendíamos que, quanto mais diverso fosse o Magazine Luiza, mais inovador e criativo ele seria.

Muito tempo atrás, minha amiga Cris Kerr também percebeu a necessidade de incluirmos a diversidade no mundo corporativo. Ela foi pioneira e empreendedora ao fundar uma consultoria especializada no assunto e compartilhar conhecimento por meio de fóruns e eventos de alto nível. Tive a oportunidade de participar de painéis incríveis, que geraram conteúdo de altíssima qualidade.

Nada mais natural que o lançamento deste livro fosse o próximo passo da Cris. Em primeira mão, li reflexões importantes sobre a inclusão de mulheres, pessoas negras, LGBTQIA+, pessoas com deficiência, entre outras. O livro, porém, vai muito além e nos faz entender por que nossos vieses inconscientes nos impediram de prestarmos atenção a esse tema há mais tempo.

A própria Cris conta o quanto foi impactada quando entrou para o Comitê de Igualdade Racial do Grupo Mulheres do Brasil, bem no início da nossa atividade. Ao ser confrontada com exemplos práticos, ela entendeu que não adianta não ser racista — precisamos ser antirracistas. Eu também aprendi grandes lições com essas mulheres, que transformaram atitudes até então inconscientes.

Sugiro que você leia este livro com a mente totalmente aberta ao novo. Precisamos nos desarmar de justificativas como "eu não faço isso", ou "nunca tive a intenção de machucar", e tantos outros argumentos que nos servem de escudo. Só assim poderemos analisar, em nosso íntimo, como podemos nos tornar pessoas melhores e lideranças mais inclusivas.

Luiza Helena Trajano

SUMÁRIO

PARTE 1: DESCOBRIR

CAPÍTULO 1:
O CONVITE - O QUE ACONTECE QUANDO QUESTIONAMOS AS NOSSAS CERTEZAS.................13

CAPÍTULO 2:
A DESCOBERTA - QUANDO ENTENDI QUE ERA DIFERENTE SER UMA LÍDER MULHER 17

CAPÍTULO 3:
AS PESSOAS INCOMODADAS QUE MUDEM O MUNDO - COMO FUNDEI UMA CONSULTORIA ESPECIALIZADA EM DIVERSIDADE E INCLUSÃO 21

CAPÍTULO 4:
A DIVERSIDADE E A INCLUSÃO - POR QUE AS DUAS INICIATIVAS PRECISAM EXISTIR JUNTAS... 27

CAPÍTULO 5:
A CIÊNCIA DO LUCRO - O QUE AS PESQUISAS REVELAM SOBRE AS EMPRESAS MAIS DIVERSAS E INCLUSIVAS 35

CAPÍTULO 6:
AS FALÁCIAS DO CÉREBRO - COMO CONSTRUÍMOS ESTEREÓTIPOS, CRENÇAS E PRECONCEITOS DE FORMA INCONSCIENTE...41

CAPÍTULO 7:
AS MULHERES E O GÊNERO - EM QUE MOMENTO A EQUIDADE DE GÊNERO DEIXA DE EXISTIR 47

CAPÍTULO 8:
AS PESSOAS NEGRAS - POR QUE NÃO VEMOS PROFISSIONAIS COM DIFERENTES CORES DE PELE NAS EMPRESAS 57

CAPÍTULO 9:
AS PESSOAS LGBTQIA+ - COMO ESSE GRUPO ENXERGA A SUA PRÓPRIA INCLUSÃO NO TRABALHO 63

CAPÍTULO 10:
AS PESSOAS COM DEFICIÊNCIA - QUAIS OBSTÁCULOS SOCIAIS E ORGANIZACIONAIS ESSE GRUPO MINORIZADO ENFRENTA 71

CAPÍTULO 11:
A INTERSECCIONALIDADE - POR QUE UMA PESSOA SOFRE MAIS AO SE ENQUADRAR EM MAIS DE UMA CATEGORIA ESTEREOTIPADA 77

PARTE 2: APROFUNDAR

CAPÍTULO 12:
O CÉREBRO INCONSCIENTE - POR QUE SOMOS SERES EMOCIONAIS E NÃO RACIONAIS, COMO PREFERIMOS ACREDITAR 83

CAPÍTULO 13:
OS VIESES INCONSCIENTES - COMO NOSSAS CRENÇAS, ESTEREÓTIPOS E PRECONCEITOS BARRAM A CARREIRA DE ALGUMAS PESSOAS 91

CAPÍTULO 14:
O VIÉS DE AFINIDADE - POR QUE TEMOS A TENDÊNCIA DE CONTRATAR PESSOAS PARECIDAS CONOSCO 95

CAPÍTULO 15:
O VIÉS DE COMPORTAMENTO - POR QUE AS PESSOAS AINDA SE ESPELHAM EM UM ESTILO PADRÃO DE LIDERANÇA 99

CAPÍTULO 16:
O VIÉS DE DESEMPENHO - QUAL É A DIFERENÇA ENTRE CONTRATAR POR POTENCIAL FUTURO E POR TALENTO PASSADO 103

CAPÍTULO 17:
O VIÉS DE PERCEPÇÃO - POR QUE REFORÇAMOS ESTEREÓTIPOS SEM
NENHUM DADO CONCRETO QUE OS COMPROVE 107

CAPÍTULO 18:
O VIÉS CONFIRMATÓRIO - O QUE ACONTECE SE QUESTIONAMOS
NOSSAS CRENÇAS, EM VEZ DE APENAS CONFIRMÁ-LAS 111

CAPÍTULO 19:
O VIÉS DE MATERNIDADE - COMO MOSTRAR QUE MATERNIDADE
E PATERNIDADE NÃO SÃO FALTA DE COMPROMETIMENTO.................................. 115

CAPÍTULO 20:
O VIÉS DE EFEITO GRUPO - POR QUE TEMOS MEDO DE TER
OPINIÕES DIFERENTES DO NOSSO GRUPO 121

CAPÍTULO 21:
O VIÉS DE EFEITO HALO - COMO A PRIMEIRA IMPRESSÃO POSITIVA
OFUSCA QUALQUER OUTRA INFORMAÇÃO NEGATIVA...125

CAPÍTULO 22:
A FALSA MERITOCRACIA - POR QUE NÃO PODEMOS ACREDITAR EM MÉRITO
NO MEIO DE TANTOS VIESES INCONSCIENTES.. 129

PARTE 3: TRANSFORMAR

CAPÍTULO 23:
A DOR SOCIAL - COMO O SENTIMENTO DA EXCLUSÃO PROVOCA
O MESMO TIPO DE REAÇÃO DA DOR FÍSICA 135

CAPÍTULO 24:
A CULTURA INCLUSIVA - POR QUE EMPRESAS DEVEM TER DIVERSIDADE
E INCLUSÃO, ALÉM DE EQUIDADE E PERTENCIMENTO......................................143

CAPÍTULO 25:
A LIDERANÇA INCLUSIVA - QUAIS OS CONSELHOS PARA FORMARMOS VÍNCULOS DE SEGURANÇA ENTRE AS PESSOAS 153

CAPÍTULO 26:
A SIGLA ESGD - POR QUE A DIVERSIDADE TAMBÉM DEVERIA SER UM CRITÉRIO ESG 161

PARTE 4: AGIR

CAPÍTULO 27:
A PRÁTICA - COMO ESTE MATERIAL DIDÁTICO REDUZ OS VIESES INCONSCIENTES NA SUA EMPRESA 167

CAPÍTULO 28:
DEPOIMENTO DE THEO VAN DER LOO - HOMEM BRANCO, HETEROSSEXUAL E ALIADO DA DIVERSIDADE E INCLUSÃO E MEMBRO DE CONSELHOS CONSULTIVOS, COM MAIS DE 40 ANOS DE EXPERIÊNCIA EM GESTÃO NA INDÚSTRIA FARMACÊUTICA 199

CAPÍTULO 29:
DEPOIMENTO DE MELISSA CASSIMIRO - MULHER TRANS, NEGRA, ADVOGADA E CONSULTORA DE PROJETOS 203

CAPÍTULO 30:
DEPOIMENTO DE ELIANE PELEGRINI RANIERI - MULHER BRANCA, COM DEFICIÊNCIA, CONSULTORA DE DIVERSIDADE & INCLUSÃO E MEMBRO DO GRUPO DIRETOR DA REIS – REDE EMPRESARIAL DE INCLUSÃO SOCIAL 207

CAPÍTULO 31:
DEPOIMENTO DE ISMAEL DOS ANJOS - COORDENADOR DE "O SILÊNCIO DOS HOMENS" E COFUNDADOR DO INSTITUTO DE DEFESA DA POPULAÇÃO NEGRA 211

SOBRE A AUTORA 215

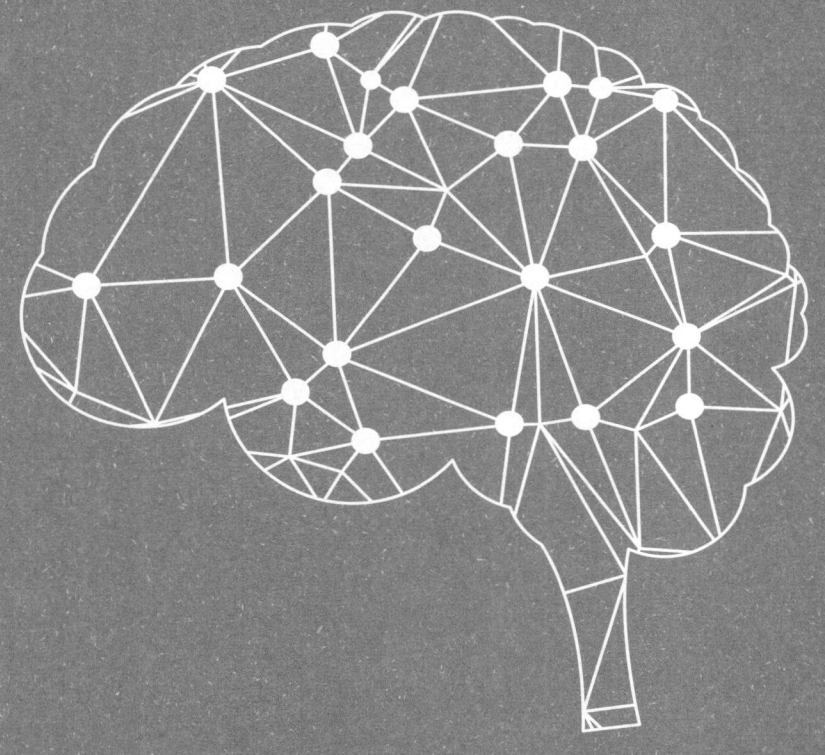

PARTE 1:
DESCOBRIR

CAPÍTULO 1:
O CONVITE

O que acontece quando questionamos as nossas certezas

Todas as pessoas têm vieses inconscientes. Inclusive eu[1]. Sei que é estranho admitir isso logo no início do livro, mas ainda posso descobrir crenças, estereótipos e preconceitos escondidos dentro de mim. Afinal, como o nome diz, os vieses são... inconscientes. Se tivéssemos fácil acesso a essas informações e pensamentos no cérebro, seria mais simples começarmos uma transformação dentro de nós e das empresas rumo a ambientes mais diversos e inclusivos.

Os vieses inconscientes não são intencionais, mas formam uma barreira invisível e poderosa que dificulta a diversidade e a inclusão nas corporações[2]. O mais impressionante é que esses vieses nos influenciam mesmo quando acreditamos nessa causa[3]. Não sabemos o que está escondido em nossa mente, tampouco a forma como os vieses guiam nosso comportamento.

Estamos todos e todas no mesmo barco. Até hoje nunca conheci uma pessoa que não tenha descoberto ao menos um viés inconsciente após se abrir para o assunto. Apesar de muitas das nossas associações e padrões serem inconscientes, podemos ser conscientes na decisão de mudar a situação a partir de agora.

Lembro quando comecei a estudar o tema, cerca de oito anos atrás, e fiz o Teste de Associação Implícita de Harvard. As perguntas medem a cognição social implícita, acessando de forma automática os sentimentos, crenças e atitudes guardadas no nosso inconsciente.

Mesmo trabalhando com diversidade, meu resultado para o teste de "Cor da Pele" demonstrou que eu tinha uma leve preferência por pessoas brancas. Eu tinha, sim, uma série de preconceitos guardados no meu inconsciente. Era um reflexo da minha criação, das crenças e dos estereótipos que formaram as minhas associações mentais.

Por isso, te convido a ler as próximas páginas com a mente aberta. Quero te convidar a estar disponível para desaprender e, em seguida, reaprender. Sei que é fácil fazer esses pedidos. Mas como realizar isso na prática?

Compartilharei caminhos e respostas — em troca, peço apenas que você siga em frente caso leia alguma afirmação que aparentemente não faça sentido. Ou que seja desconfortável. Ou que você não concorde. Ou que pareça não ter nada a ver com a sua vida ou com o que você acredita.

Percebo que muitas pessoas entram no modo de defesa ao ouvirem alguém falando sobre diversidade e inclusão. Não gostamos de ouvir palavras como privilégio, preconceito, racismo, homofobia, feminismo, machismo, sexismo, discriminação, domínio, patriarcado[4]... A lista é longa. A sensação de não nos reconhecermos nesses termos é comum.

Como diz Mahzarin Banaji, psicóloga e professora na Universidade de Harvard que citei na abertura do livro, "ter um viés não é o fim do mundo, a única vergonha é se você não fizer nenhum esforço para melhorar[5]".

Fico feliz em compartilhar tudo o que aprendi desde que fundei a CKZ Diversidade, consultoria especializada em diversidade e inclusão. Espero que você, assim como eu, também esteja disponível para descobrir os seus vieses inconscientes.

O primeiro passo, como você deve imaginar, é trazer os vieses para a consciência[6]. Para começarmos a ver uma mudança profunda em nós e nas empresas, precisamos entender a motivação desses vieses e como controlá-los — só assim conseguiremos atenuá-los e desconstruí-los.

Antecipo o que você encontrará pela frente. Dividi o livro em quatro partes, nomeadas com quatro verbos que nos convidam para a ação: descobrir, aprofundar, transformar e agir.

Na primeira, falo sobre a minha jornada e o momento em que descobri que pessoas recebem tratamentos diferentes nas empresas. Trago pesquisas que embasam a importância de investirmos em ambientes mais diversos e inclusivos. Mostro como somos moldados desde a infância e como nossas crenças e estereótipos levam a diferentes preconceitos com alguns dos grupos minorizados, entre os quais mulheres, pessoas negras, pessoas LGBTQIA+ e pessoas com deficiência.

Na segunda parte, vamos explorar o cérebro inconsciente e oito tipos diferentes de vieses inconscientes. Mostrarei também o papel de grupos que não costumam perceber que são agentes importantes de transformação. Para termos resultados efetivos, a jornada de diversidade e inclusão deve ser protagonizada por todos e todas.

Na terceira parte, vamos entender como o sentimento da exclusão provoca o mesmo tipo de reação da dor física[7] e o que podemos fazer para ter uma cultura mais inclusiva e trabalharmos em ambientes com segurança psicológica[8]. Aproveito para levantar um questionamento: deveríamos incluir a letra D de diversidade na sigla ESG, que se refere às práticas ambientais, sociais e de governança de um negócio?

Por último, vamos à prática. Compartilho o estudo de caso que desenvolvi durante o mestrado e me levou a ganhar o prêmio de melhor dissertação da linha de Mestrado Profissional do ano de 2020 da FGV[9]. O material didático está pronto para ser aplicado em dinâmicas com as equipes das empresas e ajuda a trazer os vieses inconscientes para a consciência.

Além disso, trago o depoimento de quatro pessoas diferentes de mim: um homem branco heterossexual, uma mulher negra e trans, um homem negro e uma mulher com deficiência.

O convite está feito. Espero que eu consiga compartilhar minha paixão por transformar e fazer você compreender mais sobre o impacto dos seus vieses inconscientes. Alguns de nós têm mais facilidade em trazer esses vieses para a consciência, outros demoram um pouco mais. Algumas pessoas já ouviram falar sobre viés inconsciente, outras não sabem nem por que abriram este livro. Seja qual for o seu caso, fico feliz em ter você junto comigo. Vamos em frente!

Com carinho,

Cris Kerr
11 de janeiro de 2021

> **SUGESTÕES PARA IR ALÉM:**
>
> - Teste de Associação Implícita de Harvard: https://implicit.harvard.edu/implicit/brazil/takeatest.html
> - TEDx: "Você é uma pessoa preconceituosa? Eu sou", de Kristen Pressner, líder global de Recursos Humanos da Roche Diagnósticos. https://www.youtube.com/watch?v=Bq_xYSOZrgU

REFERÊNCIAS:

1. BANAJI, M.; GREENWALD, A. *BLINDSPOT: Hidden Biases of Good People.* NY: Bantam Books, 2013.

2. PAYNE, K.; VULETICH, H. *Policy Insights From Advances in Implicit Bias Research,* SAGE Journal, 2017.

3. FIARMAN, S. *Unconscious Bias: When Good Intentions Aren't Enough.* Educational Leadership, 2016.

4. ROSS, H., *Exploring unconscious bias.* Diversity Best Practices, 2008.

5. BANAJI, M.; GREENWALD, A. B*LINDSPOT: Hidden Biases of Good People.* NY: Bantam Books, 2013.

6. SMITH, D., ROSENSTEIN, J., NIKOLOV, M., CHANEY, D. *The Power of Language: Gender, Status, and Agency in Performance Evaluations.* Springer Science Business Media, part of Springer Nature, 2019.

7. ZAK, P. *The physiology of moral sentiments.* Journal of Economic Behavior & Organization, 2011.

8. EDMONDSON, A. *A Organização sem medo - Criando Segurança Psicológica no Local de Trabalho para Aprendizado, Inovação e Crescimento,* Alta Books Editora, 2020.

9. PEREIRA, CRISTINA KERR, *Construtora Meireles & Silva: impacto do viés inconsciente na carreira das mulheres,* Revista Brasileira de casos de ensino em administração da FGV, 2021.

CAPÍTULO 2:
A DESCOBERTA

Quando entendi que era diferente ser uma líder mulher[10]

Certa tarde, o diretor de *marketing* recém-contratado na empresa em que eu trabalhava há alguns anos como gerente de *marketing* me chamou: "Preciso conversar com você. Não entendi por que me contrataram". Fiquei alguns segundos sem reação. Como assim ele não entendeu por que foi contratado?

Na verdade, eu também não tinha entendido por que ninguém havia me considerado para ocupar aquela vaga. Apesar de ser bem avaliada e ter as competências necessárias, preferiram abrir um processo seletivo externo e chamaram o Roberto, que não era do setor da empresa e não tinha experiência com grandes feiras e eventos, mas tinha grande *expertise* em outras áreas.

Nessa mesma conversa, ele propôs que eu o substituísse em um evento global para a liderança de *marketing* que aconteceria em breve em Santa Ana, na Califórnia. Foi uma decisão inusitada. Quando retornei da viagem, ele me avisou que havia conversado com o CEO e a CFO da empresa, dizendo que não fazia sentido ocupar aquela posição. "A Cris está totalmente preparada para essa cadeira", ele disse. E pediu demissão.

Logo foi a vez de o CEO e a CFO me chamarem para conversar. "Olha, o Roberto falou conosco", eles começaram a dizer. "Chamamos as três diretoras para quem você reportaria e perguntamos se elas achavam que você está preparada."

Preciso fazer uma pausa aqui. O Roberto afirmar que eu estava preparada não era suficiente — mesmo ele sendo meu chefe direto, para quem eu reportava há três meses e repassava todo o conhecimento para que ele assumisse a nova posição da maneira mais tranquila possível.

"Duas diretoras validaram a sua promoção; uma não", complementaram o CEO e a CFO. "Então decidimos te dar uma oportunidade. Daqui a um ano, se desempenhar bem a função, vamos te promover."

A proposta era clara: provar que eu tinha competência para chegar ao cargo de diretora e acumular os dois cargos durante 12 meses, mas mantendo o salário de gerente.

O que eu fiz? Levantei a cabeça, aceitei e comecei a fazer as aulas de inglês patrocinadas pela empresa — um benefício que ganhei por ser a única competência que eles julgavam faltar para que eu fosse diretora. Na época com menos de 30 anos, não pensei que poderia existir outro final para essa história.

Apenas muitos anos depois descobri que esse episódio era a manifestação de um dos vieses inconscientes, chamado de viés de desempenho[11]. Homens brancos e amarelos são contratados com base no seu potencial talento futuro, pois já é assumido que eles têm as habilidades necessárias para o cargo. Já as mulheres e pessoas de grupos minorizados precisam provar que têm competência por meio de conquistas e resultados passados[12].

Até hoje digo para o Roberto que ele foi um anjo. Mantivemos contato, um torcendo pela carreira do outro. Sei que é raro encontrar alguém no ambiente corporativo que tenha uma postura como a dele.

Sempre trabalhei em setores muito masculinos. O que vivi naquele momento validou o que eu via desde o início da minha carreira como estagiária, em 1990. Eu olhava para a liderança e só via homens. O meu cérebro começou a acreditar, inconscientemente, que cargos altos não eram para mim. Esse pensamento também ocorre em outros grupos de pessoas minorizadas que não se veem representadas em determinados lugares e posições[13].

A decisão de abandonar o mundo corporativo aconteceu quando entrei, de novo, em um ambiente extremamente masculino. Mais uma vez, eu era responsável pelo *marketing* e pela organização de grandes eventos.

"Você vai ao evento de Brasília apresentar nosso novo projeto para o presidente daquela empresa que é um potencial patrocinador", meu chefe pediu. "Mas o projeto não é meu, é de outra área", repliquei. "Sim, mas o executivo pediu que fosse você quem explicasse o projeto, durante um jantar". Pedi para que ele fosse mais explícito no pedido.

"Faça qualquer coisa que você tiver que fazer para fechar o projeto", foi o que ouvi como resposta.

A história seguiu o enredo decepcionante. Fui ao jantar e, como previsto, a cantada inconveniente do presidente chegou junto com a sobremesa. Eu disse vários nãos, furiosa, e ainda assim ele insistiu com mensagens madrugada adentro. Eu me perguntava como era possível que eles imaginassem que eu aceitaria algo parecido. Só porque era recém-divorciada? Será que isso acontecia com outras mulheres?

Antes de ir ao jantar, parte de mim ainda preferia acreditar que eu havia entendido errado. Não era possível que o meu chefe realmente estava me mandando para uma emboscada. Mas não era a primeira vez que eu vivia algo parecido. Assim como eu, muitas amigas e executivas que conheci ao longo da carreira sofreram casos de assédio moral ou sexual. Eu poderia escrever um livro apenas com esses episódios, mas o meu objetivo aqui é falar sobre vieses inconscientes.

Comecei a pensar que desde a infância meninas são elogiadas pela beleza. "Ela é linda, é uma princesa!", dizem. Já os meninos recebem incentivos por seus comportamentos: forte, inteligente e corajoso. As crianças viram adultos e começam a trabalhar em empresas, mas não aprenderam a elogiar as mulheres por suas competências[14]. Seria uma questão cultural?

Passei a evitar sorrir ou ser gentil demais. Só cumprimentava as pessoas de longe. Eu me tornei mais dura, brava e rígida. A minha forma de dizer "basta!" foi abrir a minha empresa — quem sabe assim eu conseguiria dar mais voz às mulheres?

A decisão partiu das minhas decepções e das dificuldades em ser mulher no ambiente corporativo. Naquela época, eu não percebia como outros grupos também enfrentavam situações inaceitáveis, entre as quais pessoas negras, pessoas LGBTQIA+ e pessoas com deficiência.

Eu queria transformar a dinâmica que muitas mulheres vivem e grande parte dos homens sequer imagina. Eu queria que a minha filha Beatriz, na época com 4 anos de idade, encontrasse uma realidade diferente quando chegasse a sua vez de trabalhar. Meu coração de mãe se enche de alegria quando a Beatriz, hoje com 17 anos, agradece o caminho que venho trilhando.

VIÉS INCONSCIENTE

> **SUGESTÕES PARA IR ALÉM**
>
> - Livro: Faça acontecer — mulheres, trabalho e a vontade de liderar, de Sheryl Sandberg, COO do Facebook.
> - TEDx: "Por que a igualdade de gênero é boa para todas as pessoas, incluindo os homens", de Michael Kimmel, sociólogo especializado em estudos de gênero. Disponível em: https://www.ted.com/talks/michael_kimmel_why_gender_equality_is_good_for_everyone_men_included?language=pt-br
> - Filme: O Sorriso de Monalisa, com Julia Roberts.

REFERÊNCIAS:

10. CATALYST - *Women and Men in U.S. Corporate Leadership - Same Workplace Different Realities* - https://www.catalyst.org/wp-content/uploads/2019/02/Women-and_Men_in_U.S._Corporate_Leadership_Same_Workplace_Different_Realities.pdf

11. LEAN IN - *What Is Affinity Bias?* Disponível em: https://leanin.org/education/what-is-affinity-bias.

12. WILLIAMS, J.; DEMPSEY, R. *What Works for Women at Work: Four Patterns Working Women Need to Know.* New York. NYU Press, 2014.

13. HERRMANN, S.; ADELMAN, R.; BODFORD, J.; GRAUDEJUS, O., OKUN, M.; KWAN V. *The Effects of a Female Role Model on Academic Performance and Persistence of Women in STEM Courses.* Basic and Applied Social Psychology, 2016.

14. KOENIG, A.; EAGLY, A.; MITCHELL, A; RISTIKARI, T. *Are Leader Stereotypes Masculine? A Meta-Analysis of Three Research Paradigms.* Psychological Bulletin, 2011.

CAPÍTULO 3:
AS PESSOAS INCOMODADAS QUE MUDEM O MUNDO

Como fundei uma consultoria especializada
em diversidade e inclusão

Quase cursei Oceanografia. Fui criada na praia, adorava o mar do litoral norte de São Paulo e a minha prancha *morey boogie*. Também quis ser jogadora de handebol, mas meus pais me desencorajaram a seguir a profissão. "Não dá dinheiro", eles costumavam prever.

Acabei fazendo um teste vocacional com uma prima psicóloga. "Você é muito comunicativa", ela disse. "Por que não faz Comunicação?" Segui o conselho e me formei em Publicidade e Propaganda pela FAAP, em 1995. Durante toda a faculdade, porém, eu era a única da turma que não sonhava trabalhar em uma agência de publicidade. Eu gostava mesmo era dos grandes eventos.

Trabalhei com *marketing* e eventos em três empresas antes de fundar a CKZ Diversidade. Cheguei a organizar congressos para mais de cem mil pessoas. Sempre fui apaixonada por pessoas e pela correria dos bastidores desses eventos.

Gosto de estudar e de me aprofundar nos assuntos. Antes de decidir que sairia do mercado corporativo, comecei um MBA em Gestão Estratégica e Econômica de Negócios na FGV. Hoje entendo que isso tem a ver com uma insegurança que tenho de pensar que não sou capaz ou não estou pronta — a tal da síndrome do impostor e da impostora, assunto que abordarei mais à frente[15]. Mesmo inconscientemente, busquei o MBA como uma forma de ter o meu próprio aval para abrir a minha empresa. Eu não queria me sentir uma fraude.

Na hora de definir o tema do TCC, pensei sobre o que eu fazia de melhor. Eventos, claro. Eu já estava pesquisando sobre a possibilidade de organizar um fórum apenas para mulheres. Decidi que organizaria essas ideias durante o TCC e já traçaria o plano para o evento que eu lançaria assim que possível.

Fundei a CKZ em março de 2008. Pouco a pouco comecei a prestar consultoria para alguns clientes. A ideia de realizar o fórum seguia, mas o mercado não se interessava pelo assunto. Será que eu conseguiria patrocinadores? Depois de dois anos planejando, tomei coragem para lançar a primeira edição, em 2011.

Chamei amigas executivas para serem palestrantes no fórum — o primeiro no Brasil a falar sobre a importância da ascensão das mulheres aos cargos de liderança. Era um marco! Mas quase todas recusaram o convite. "Não quero me indispor aqui na empresa", eu ouvia. "Não quero levantar uma bandeira feminista". Fiquei frustrada ao ver a confusão de feminismo[16] com femismo. O feminismo é um movimento por direitos e deveres iguais. Todo mundo do mesmo lado, mulheres e homens juntos. Não é uma luta de um grupo contra o outro.

Nenhuma empresa queria patrocinar. A diversidade de gênero ainda não era um assunto importante para as organizações. Percebi que eu estava mexendo em um vespeiro que ninguém queria fazer parte. Em 2010, a pauta que começava a despertar interesse era a responsabilidade social. Diversidade não era uma palavra bem-vinda.

Investi todo o meu dinheiro na primeira e na segunda edição do fórum. Foi difícil. Pensei em desistir várias vezes — não foi uma, nem duas, nem três. O fórum e a CKZ não eram conhecidos, ninguém falava da baixa participação das mulheres na liderança. Até que começaram a sair os primeiros estudos e pesquisas mostrando que diversidade de gênero gera resultado[17]. E, quanto mais eu estudava, ficava mais claro que só a diversidade não era suficiente[18]. Precisávamos da inclusão.

Na terceira edição, o fórum chegou perto do equilíbrio financeiro. O objetivo principal, porém, não era dar lucro. Eu queria fomentar o diálogo, trazer conteúdo de qualidade. Afinal, o modelo de negócio da CKZ estava (e ainda está) voltado para a consultoria e os treinamentos para pessoas e empresas.

Outros impasses começaram a surgir. Ao ligar para as empresas convidando os homens a participar das palestras, a resposta se repetia como um mantra: "Não vou a um evento de mulher". Por um lado, o fórum começava a ficar mais conhecido; por outro, eu estava me transformando na "Cris Kerr que faz o evento das mulheres".

Devagarinho, comecei a mudar. Mudei o nome do evento para Fórum Diversidade na Liderança — com "Mulheres em Destaque" escrito embaixo, em letras menores. Logo entendi que só haveria uma mudança profunda se trouxéssemos os homens para a conversa[19]. Criei estratégias para incluí-los. Pedi para algumas amigas e amigos chamarem seus amigos homens para participarem como convidados. No pacote de inscrições, incluímos duas inscrições gratuitas, exclusivas para os homens. Eles começaram a ir — e a gostar.

Essa jornada começou para promover a equidade de gênero, mas se transformou em algo muito maior. Em 2014, entrei para o Grupo Mulheres do Brasil, fundado sob a liderança da querida Luiza Helena Trajano. Lá, conheci mulheres incríveis, muitas delas mulheres negras. Lembro como fiquei incomodada quando falaram pela primeira vez sobre privilégio branco. "Estou aqui ajudando e tenho que ouvir sobre o meu privilégio branco?", pensei.

O incômodo deu lugar ao entendimento: a causa das mulheres negras é diferente e muito mais profunda do que a causa das mulheres brancas. Uma amiga negra do grupo me perguntou: "Alguma vez você ensinou a sua filha que ela não pode correr na rua? Somos sócias do mesmo clube. Sua filha já sofreu discriminação lá?".

O Comitê de Igualdade Racial do Grupo Mulheres do Brasil foi o meu despertar. Conscientemente, talvez eu acreditasse que não era racista. Mas era isso que estava no meu inconsciente? Entendi que precisava ir além de não ser racista. Precisava ser antirracista ativa. Comecei a patrocinar os eventos do comitê de igualdade racial com foco no fortalecimento das mulheres negras e a dar mentoria gratuita para mulheres negras.

Também entendi que o Fórum Mulheres em Destaque precisava crescer e abraçar toda a diversidade. Em 2015, lançamos um novo evento, com todos os pilares da diversidade: raça e etnia, gênero, LGBTQIA+, gerações, pessoas com deficiência e cultura. Agora o assunto começava a ganhar um pouco mais de atenção das empresas.

Continuei estudando. Em 2016, participei da primeira turma de conselheiras mulheres do MBA da Saint Paul Escola de Negócios. E assim criei o meu terceiro evento, Fórum Diversidade no Conselho, com o apoio da Saint Paul.

O conselho de administração é a parte mais alta da empresa, responsável por grande parte das decisões, inclusive a escolha da CEO ou do CEO. Mas, como sabemos, é formado majoritariamente por homens brancos com mais de 50 anos. Nosso evento mostrava como a multiplicidade de talentos e ideias nos conselhos é capaz de gerar mais assertividade, inovação e lucro para as empresas.

Em 2018, fiz um mestrado profissional em sustentabilidade na FGV. Para o trabalho de conclusão de curso, desenvolvi um estudo de caso sobre como o viés inconsciente impacta a carreira das mulheres. Além de receber a distinção pelo trabalho, ganhei o prêmio de melhor dissertação do ano. Ouvi do meu querido orientador que o trabalho deveria virar livro.

Desde que recebi esse conselho, pensei que gostaria de extrapolar o tema da equidade de gênero. A dissertação estuda os vieses inconscientes com foco na carreira das mulheres brancas e negras. Eu queria ir além, trazendo tudo o que aprendi desde que comecei a trabalhar com diversidade e inclusão.

Eu também queria entender a química do cérebro na tomada de decisão e o impacto na produtividade das pessoas. Por isso, em 2020, comecei mais uma pós-graduação, dessa vez em neurociência e comportamento na PUC-RS.

No início de 2021, abri espaço na agenda para escrever este livro. Também neste ano, vamos juntar nossos três fóruns para realizar um único evento: o 10º Super Fórum Diversidade e Inclusão. Não faz mais sentido ter um fórum para mulheres, outro para gestão da diversidade e inclusão, e um terceiro para a representatividade nos conselhos.

Não sei o que ainda acontecerá nos próximos anos, mas tenho certeza de que continuarei trabalhando com diversidade e inclusão. Amo o que faço.

Cada pessoa que eu ajudo a transformar é uma nova semente a semear a diversidade e a inclusão na empresa e na vida pessoal. Cada palavra emocionada que escuto ao final de um fórum, treinamento, palestra, processo de mentoria ou *coaching* me faz ter mais vontade de levar essas ideias adiante.

> ## SUGESTÕES PARA IR ALÉM
>
> - Livro: Pequeno manual antirracista, de Djamila Ribeiro, filósofa, escritora e feminista negra.
> - Filme: Estrelas além do tempo, indicado ao Oscar de Melhor Filme em 2017.

REFERÊNCIAS:

15. MOLINSKY, A. *Everyone Suffers from Impostor Syndrome* - https://hbr.org/2016/07/everyone-suffers-from-imposter-syndrome-heres-how-to-handle-it, 2016.

16. OBJETIVOS DE DESENVOLVIMENTO SUSTENTÁVEL DA ONU - https://hail.to/united-nations-association-unwebquests/publication/ascPgm8/article/bfLH1VM.

17. FISHER, S.; MULLIN, W. *Diversity, social goods provision, and performance in the firm.* Journal of Economics & Management Strategy, 2014.

18. MCKINSEY - DIVERSITY WINS HOW INCLUSION MATTERS, 2019. Disponível em: https://www.mckinsey.com/featured-insights/diversity-and-inclusion/diversity-wins-how-inclusion-matters

19. BOSTON CONSULTING GROUP. Disponível em: https://www.bcg.com/publications/2017/people-organization-behavior-culture-five-ways-men-improve-gender-diversity-work

CAPÍTULO 4:
A DIVERSIDADE E A INCLUSÃO

Por que as duas iniciativas precisam existir juntas

Talvez você já tenha ouvido a famosa frase da vice-presidente de inclusão da Netflix, Vernā Myers: "Diversidade eu convido para o baile; inclusão eu convido para dançar". A executiva traduziu o espírito desses dois conceitos que costumam andar juntos, mas são muito diferentes.

Quando li a frase pela primeira vez, fiquei imaginando a cena do baile. Ao promover apenas a diversidade, a empresa convida a pessoa até então excluída para a festa, mas a deixa em um canto, sozinha a noite toda — e escutando apenas a música preferida do grupo. Ao promover a diversidade com inclusão, a empresa não apenas convida essa pessoa para a festa, mas também a chama para participar da criação do evento, dançar e indicar suas músicas preferidas.

Outra frase provocativa é de Boris Groysberg, professor de administração da Harvard Business School: "Diversidade é contar os números; inclusão é fazer com que cada número conte". Se priorizo apenas a diversidade, busco aumentar a estatística — nossa meta é ter 50% de mulheres na direção, por exemplo. Já na inclusão, além de ter a meta, que é fundamental[20], me preocupo em garantir que essas pessoas se sintam valorizadas e respeitadas dentro de um espaço seguro.

Pense um pouco: pessoas de grupos minorizados formados por mulheres, pessoas negras, pessoas LGBTQIA+ e pessoas com deficiência têm voz na sua empresa? Qual são os cargos que ocupam? Ganham incentivo para fazer MBA? Você pergunta as opiniões dessas pessoas em uma reunião? A diversidade é muito importante, mas não adianta apenas trazê-la. Assim como também não adianta ter apenas uma boa inclusão.

VIÉS INCONSCIENTE

Para visualizar a importância da união das duas iniciativas, trago um quadro comparativo feito pela instituição americana de educação e treinamento Center for Creative Leadership. Há quatro níveis de combinações: baixa diversidade e baixa inclusão; baixa diversidade e alta inclusão; alta diversidade e baixa inclusão; alta diversidade e alta inclusão.

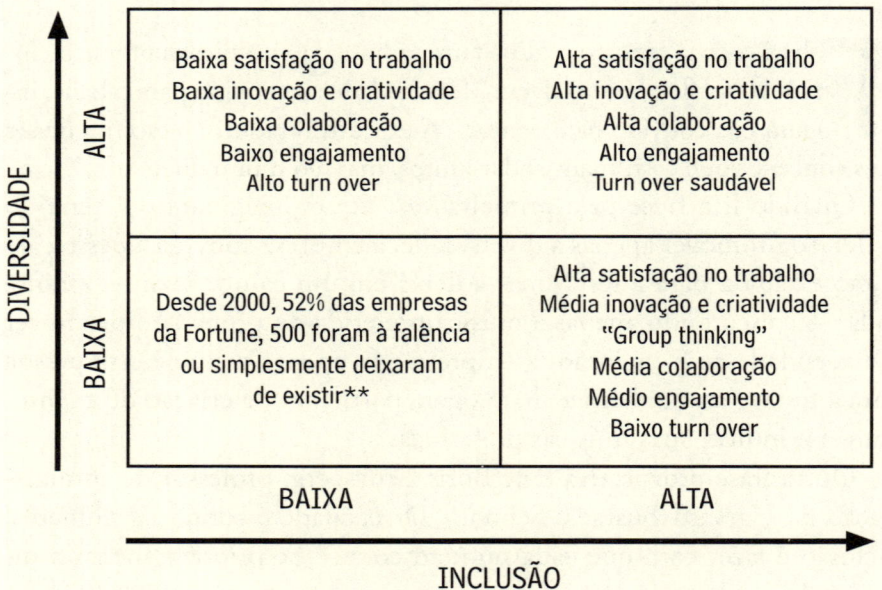

*Dados da tabela: Center for Creative Leadership.
**Fonte: Harvard Business

Vamos à opção menos óbvia: empresas com alta inclusão e baixa diversidade. Como resultado, essas organizações têm colaboradores e colaboradoras muito satisfeitos no trabalho. Já a inovação, a colaboração e o engajamento são medianos. E o *turn over*, para nossa surpresa, é baixo —

ou seja, a baixa rotatividade pode ser um indicativo de que todo mundo é muito parecido e pensa igual. É mais fácil pertencer a um ambiente cheio de pessoas iguais a nós.

Já as empresas com baixa inclusão e alta diversidade costumam ter baixa satisfação no trabalho. A inovação, a colaboração e o engajamento também são baixos. O *turn over* é alto. Em resumo, são ambientes tóxicos e difíceis de trabalhar, que não dão voz à diversidade de ideias, opiniões e experiências.

Casos de baixa inclusão e baixa diversidade também deveriam gerar preocupação em relação ao negócio em si. Muitas dessas empresas têm sua cultura pautada pelo medo, comando e controle, e costumam dizer frases como esta: "Mas sempre fizemos assim e deu certo!". Poderia dar ainda mais certo. A organização líder de mercado cria a falsa sensação de que será líder para sempre. Até não ser mais, como vemos com os exemplos da Kodak e da Blockbuster.

Um estudo de Harvard mostra como essa pretensão é falsa. Do ano 2000 para cá, 52% das empresas listadas na Fortune 500 faliram[21], foram compradas ou deixaram de existir. Estamos falando de mais da metade das 500 maiores empresas dos Estados Unidos — imagine algumas das grandes corporações não existindo mais daqui a vinte anos.

Por último, temos as empresas com alta inclusão e alta diversidade. Essa é a combinação ideal, que resulta em alta satisfação no trabalho, inovação, criatividade, colaboração e engajamento. O *turn over* é saudável e as pessoas têm segurança psicológica para trabalhar — alguém do time só deixará a empresa se surgir outra oportunidade mais interessante.

Já ouvimos que precisamos nos reinventar constantemente para evitar que nossas empresas sejam atropeladas por um concorrente ou modelo de negócio mais inovador. Também sabemos — pelo menos em teoria — que ambientes inclusivos e com talentos múltiplos favorecem a construção de ideias disruptivas e inovadoras[22]. Mas por quê?

Lembro de uma das aulas sobre inovação que assisti durante o mestrado na FGV. O professor mostrava por que ideias inovadoras não costumam ser fruto de uma única pessoa — segundo ele, uma vai "puxando" a outra. Por isso é tão importante criarmos ambientes em que pessoas que pensam diferente sintam-se à vontade para compartilhar suas ideias, sem medo.

Muitas pessoas ficam quietas durante a reunião por medo de serem rejeitadas, excluídas, constrangidas, boicotadas, desvalorizadas ou rotuladas negativamente. Depois de algumas tentativas frustradas de dar a sua opinião, ela se fechará[23]. Na próxima vez que tiver uma ideia importante para compartilhar, guardará a informação para si. Afinal, ela não se sente parte do grupo.

Um cliente me contou um caso que ilustra essa criação conjunta de ideias. A empresa estava diante de um grande problema aparentemente sem solução: seus fios de alta tensão congelavam. Ninguém conseguia resolver a questão. A diretoria marcou uma reunião de *brainstorming* com a equipe inteira e incentivou que todas as ideias fossem compartilhadas. Sem julgamentos.

"E se a gente colocar um pote de mel no alto do poste? Um urso vai subir para comer e vai balançar o poste...", sugeriu uma das pessoas, em tom de brincadeira. "É isso!", exclamou outra. "É o trepidar. Vamos contratar um helicóptero, quando ele passar perto do fio, a trepidação fará a neve cair."

Esse é o tipo de magia que acontece quando temos um grupo heterogêneo e inclusivo: as pessoas colaboram, aprendem umas com as outras, relatam erros e realizam trabalhos complexos e inovadores[24].

Muitas empresas têm departamento de inovação. Mas muitas contratam apenas pessoas com o mesmo perfil, da mesma faculdade, do mesmo gênero, raça e etnia — se você fechar os olhos, provavelmente imaginará uma turma pouco diversa, composta de vários homens brancos e amarelos. Por que nem mesmo uma área como a de inovação forma um time plural, com bagagens e pensamentos diferentes?

Porque é mais fácil chegar a um consenso quando fazemos parte de um grupo homogêneo. A dinâmica flui com rapidez[25]. Esse é o resultado de um dos vieses inconscientes, chamado de viés de afinidade[26]. Se eu fosse contratar alguém para o meu time e nunca tivesse ouvido falar sobre esse viés, possivelmente escolheria, ainda que inconscientemente, uma pessoa parecida comigo para a vaga; uma "míni Cris".

Por outro lado, temos dificuldade de escutar quem é diferente de nós. Nosso cérebro gera bloqueios. Preste atenção e perceba que, quando alguém traz um ponto de vista divergente, nossa tendência inconsciente é buscar a argumentação contrária — e, assim, não escutar a ideia dessa pessoa[27]. Sabendo disso, precisamos fazer um esforço consciente, com foco e atenção.

É preciso também investigar nossos possíveis vieses inconscientes antes de emitirmos um julgamento. Será que estou sendo mais crítico com quem não tenho afinidade? E menos crítico com quem é mais parecido comigo?

Não é fácil ser uma liderança inclusiva. Mas é importante estar consciente dos desafios. Alguns dias atrás, recebi uma ligação da responsável pelo departamento de recursos humanos da empresa onde fiz diversos treinamentos. "Duas pessoas pediram demissão depois da conclusão do seu trabalho conosco", ela me disse.

O motivo, ela continuou, era que, após a minha dinâmica na empresa, as duas pessoas perceberam como o ambiente era tóxico e o quanto estava fazendo mal para elas. Expliquei que o sentimento de ameaça e medo gerado por ambientes tóxicos pode gerar ansiedade e depressão. Esse processo desequilibra o sistema imunológico e pode desencadear doenças autoimunes, cardiovasculares, hipertensão e até mesmo desenvolver um câncer[28]. As duas pessoas preferiam sair enquanto havia tempo.

"Mas então o que eu faço?", algumas pessoas me perguntam. "Forço a entrada de pessoas dos grupos minorizados?" Há quem defenda que é preciso trazer pessoas mais diversas, custe o que custar.

Estudando neurociência, no entanto, entendi que as pessoas são seres sociais e emocionais[29]. O imposto emocional da exclusão e de todas as suas consequências para a saúde física e emocional é alto[30] — mostrarei pesquisas sobre esse assunto na última parte do livro.

Para mim, o primeiro passo é começar um trabalho de conscientização e educação. Talvez a empresa não esteja 100% pronta quando começar a ter mais representatividade, mas pelo menos terá consciência do processo e da importância de ter uma cultura inclusiva. A representatividade é muito importante, pois mostra para pessoas de grupos minorizados que elas também podem sonhar mais alto, além de gerar novas associações mentais para as demais pessoas.

Assim como a cota, que às vezes é associada à incompetência, esse é um processo transitório para equiparar uma desigualdade. Tem começo, meio e fim. Entretanto a transição será mais lenta no Brasil, por sermos um país com uma tremenda desigualdade social e que não oferece as mesmas oportunidades para todas as pessoas.

Para que a inclusão aconteça, precisamos abrir espaço para um diálogo sincero sobre a diversidade. Em vez de continuarmos seguindo o conselho de "tratar as pessoas como você gostaria de ser tratado ou tratada", sugiro perguntarmos como elas gostariam de ser tratadas.

Já ouvi gestores e gestoras dizendo que a única pessoa trans da empresa estava se sentindo muito bem e incluída. "Como você sabe? Você teve uma conversa a sós com ela?", perguntei. Caso contrário, é a sua percepção. "Ah, mas ela não está reclamando!", alguns respondem. Talvez seja porque ela conseguiu a tão sonhada vaga. Mas, como teve uma oportunidade, prefere se calar, mesmo se estiver se sentindo excluída, sofrendo com piadas e olhares.

A diversidade e a inclusão são assuntos tão importantes quanto o resultado financeiro da empresa. Se antes eram estratégias de um mundo faz de conta para que os números aparecessem no relatório, agora as empresas são cobradas por essas ações — tanto por colaboradores e colaboradoras, como por seus clientes e investidores.

Sei que é fácil escrever o que devemos esperar de um ambiente inclusivo. Tanto eu quanto você queremos ter voz ao participar de uma reunião. Queremos sentir que nosso ponto de vista é importante. Queremos ser aceitos e aceitas por quem somos. Queremos reconhecimento e valorização por nosso trabalho. Queremos sentir que pertencemos àquele lugar. Acima de tudo, precisamos de segurança psicológica.

Desejamos fazer parte do grupo, independentemente de gênero, etnia, deficiência, geração, nacionalidade, religião, orientação afetiva sexual, identidade de gênero, status socioeconômico e tantas outras características que nos tornam tão únicos e únicas. Na prática, porém, muitas vezes nos sentimos apenas mais um número. Está mais do que na hora de trepidarmos essa desconfortável zona de conforto.

> ### SUGESTÕES PARA IR ALÉM
>
> - TEDx: "Como levar a sério a diversidade e a inclusão no ambiente de trabalho", de Janet Stovall. Disponível em: https://www.ted.com/talks/janet_stovall_how_to_get_serious_about_diversity_and_inclusion_in_the_workplace
> - Livro: Inclusifique - como a inclusão e a diversidade podem trazer mais inovação à sua empresa, de Stefanie K. Johnson, professora na Universidade do Colorado.

REFERÊNCIAS:

20. HOBSON, M. *The importance of diversity in good governance.* Investment Magazine, 2016.

21. HARVARD BUSINESS REVIEW - *Digital Transformation Is Racing Ahead and No Industry Is Immune*, Harvard Business Review, 2017. Disponível em: https://hbr.org/sponsored/2017/07/digital-transformation-is-racing-ahead-and-no-industry-is-immune-2

22. HARVARD BUSINESS REVIEW - *How Diversity Can Drive Innovation*, 2013. Disponível em: https://hbr.org/2013/12/how-diversity-can-drive-innovation

23. BRINSFIELD, C. *Employee silence motives: Investigation of dimensionality and development of measures.* Journal of Organizational Behavior, 2012.

24. CATMULL, E.; WALLACE, A. *Creativity, Inc.: Overcoming the Unseen Forces That Stand in the Way of True Inspiration.* New York: Random House, 2013.

25. SEIDMAN, G., *Why Do We Like People Who Are Similar to Us? Research examines why we prefer people who are similar to us.*, 2018.

26. HALVORSON, H. G.; ROCK, D. *Beyond Bias: How to Shift Ingrained Thinking.* Rotman Management., 2016.

27. PSYCHCENTRAL - *REASONS YOU DON'T LISTEN.* Disponível em: https://psychcentral.com/lib/reasons-you-dont-listen#Reasons-you-dont-listen.

28. MILLER, A.; RAISON, C. *The role of inflammation in depression: from evolutionary imperative to modern treatment target.* Nat Rev Immunol., 2016.

29. ZAK, P. *The Physiology of moral sentiments*. Journal of Economic Behavior e Organization, 2011.

30. HOLT-LUNSTAD, J.; SMITH, T.; BAKER, M.; HARRIS, T.; STEPHENSON, D. *Loneliness and Social Isolation as Risk Factors for Mortality: A Meta-Analytic Review*. Perspectives on Psychological Science, 2015.

CAPÍTULO 5:
A CIÊNCIA DO LUCRO

O que as pesquisas revelam sobre
as empresas mais diversas e inclusivas

O neuroeconomista Paul Zak diz que as pessoas são mais propensas a mudar de comportamento quando estabelecem uma conexão emocional com a causa[31]. Não apenas concordo com essa afirmação, como vejo a mudança que acontece com as pessoas que assistem a um vídeo ou participam de alguma dinâmica que promova envolvimento emocional.

Por outro lado, também percebo o espanto de algumas pessoas quando ouvem o resultado de grandes pesquisas sobre diversidade e inclusão. "Como ninguém me contou isso antes?", me questionam. Por isso, antes de continuar, decidi compartilhar alguns desses números.

Sei que dessa forma acessarei apenas o sistema racional do seu cérebro — e dificilmente provocarei alguma transformação na sua maneira de ser e pensar. Mas também sei que posso colaborar com informações relevantes para você se engajar e levar este tema para a alta liderança da sua empresa. Imagino que a diretoria gostará de saber que diversidade e inclusão vão além da responsabilidade social e geram mais lucro e inovação.

Para começar, escolhi uma pesquisa do Boston Consulting Group em parceria com a Universidade Técnica de Munique, publicada em 2018[32]. As instituições realizaram um amplo estudo para entender a relação entre a diversidade gerencial e os resultados na inovação.

As pessoas que realizaram a pesquisa analisaram mais de 1.700 empresas de oito países — Brasil, Estados Unidos, França, Alemanha, Suíça, Áustria, China e Índia. Elas examinaram a diversidade em cargos de gestão a partir de seis aspectos: gênero, idade, nacionalidade, plano de carreira, histórico na indústria e educação.

O estudo descobriu que empresas mais diversas apresentam, em média, receitas de inovação 19% maiores e 9% a mais de margens de EBIT (lucros antes dos juros e tributos). As dimensões da diversidade estudadas tiveram correlações estatisticamente significativas com a inovação, sendo que os aspectos gênero, nacionalidade e histórico na indústria apresentaram efeito um pouco maior.

Para chegar à conclusão, o estudo examinou o percentual de receita proveniente de novos produtos nos últimos três anos. As pessoas envolvidas na pesquisa descobriram que empresas com portfólio de produtos mais recentes e diversificados estavam não apenas entre as mais inovadoras, como também entre as mais lucrativas.

A diversidade, infelizmente, tem sido uma oportunidade desperdiçada por muitas empresas. Afinal, ainda segundo o estudo, a presença de condições propícias à diversidade, com práticas de inclusão como igualdade de oportunidades, liderança colaborativa, apoio da alta liderança e comunicação aberta, equivale a até 12,9% na receita de inovação.

Outro estudo global que mostra como a diversidade está diretamente ligada ao lucro das empresas foi conduzido pelo Peterson Institute for International Economics e publicado em 2016[33]. O instituto analisou 22 mil companhias de capital aberto de 91 países e descobriu que a presença de mulheres em cargos de liderança melhora o desempenho financeiro das empresas.

Empresas que aumentaram a presença feminina na gestão (diretoras e C-level) em até 30% tiveram um crescimento de 15% em sua rentabilidade. O estudo também constatou que 60% das empresas não têm mulheres no conselho de administração, mais de 50% ainda não têm mulheres em cargos de alta liderança e menos de 5% têm uma mulher como CEO.

A pesquisa que mais vejo com olhos arregalados é "A importância da diversidade", publicada pela McKinsey em 2015[34]. A consultoria coletou dados de 366 empresas de capital aberto da América Latina, Canadá, Estados Unidos e Reino Unido. Entre as métricas analisadas, estavam resultados financeiros e composição da alta gerência e dos conselhos de administração.

O estudo mostrou que as companhias com maior diversidade racial e étnica da amostra são 35% mais propensas a obter retornos financeiros. Nos Estados Unidos, a McKinsey identificou uma relação direta entre diversidade racial e étnica e *performance* financeira: para cada 10% de aumento nessa dimensão da diversidade entre executivos sêniores, o EBIT aumenta 0,8%.

Três anos depois, a consultoria divulgou um novo relatório, "A diversidade como alavanca de *performance*"[35], reforçando o vínculo entre diversidade e lucratividade. A base de dados foi maior — mil empresas de 12 países —, assim como os critérios analisados. Além da lucratividade, a pesquisa analisou a criação de valor (lucro econômico) no longo prazo.

Os resultados foram parecidos. Empresas com maior diversidade racial e étnica tiveram 33% mais probabilidade de desempenho melhor. Nas duas edições, o estudo também analisou a diversidade de gênero. Em 2015, as empresas com mais mulheres tinham 15% mais chances de ter lucros acima da média. Em 2018, o percentual saltou para 21%.

Outra informação interessante da versão mais recente da pesquisa é que o grupo de empresas com o pior desempenho em diversidade racial, étnica e de gênero tem 29% mais chances de ter um desempenho abaixo da média do mercado. Só eu acho esse número alarmante? Não entendo como empresas se permitem ignorar uma oportunidade tão real de responsabilidade social, deixando de gerar oportunidade para pessoas negras, além de perder a chance de aumentar os lucros.

Ao analisar o impacto financeiro da inclusão LGBTQIA+, mais uma vez vemos vantagens em promover a diversidade. Um relatório da Open For Business, feito em parceria com a Boston Consulting Group e a Brunswick[36], em 2019, estudou 96 multinacionais em 18 países emergentes.

A análise dos indicadores financeiros revelou que empresas que defendem abertamente a inclusão LGBTQIA+ têm margens de crescimento de receita e EBIT em linha com seus pares. A descoberta mostra que os temores que certas empresas têm de prejudicar a reputação e o faturamento ao apoiar a inclusão desse grupo são exagerados e infundados.

Também segundo o relatório, empresas que apoiam a inclusão LGBTQIA+ atraem 20% mais investimento estrangeiro e se conectam de forma mais eficaz com os mercados globais e as cadeias de abastecimento. Não há qualquer impacto financeiro negativo. Pelo contrário.

O estudo mostra que empresas de mercados emergentes com ambições de expandir internacionalmente devem incluir pessoas LGBTQIA+ — esse é um catalisador de crescimento para o negócio.

A valorização de pessoas LGBTQIA+ também aumenta as vendas, de acordo com uma pesquisa da Accenture, divulgada em 2019[37]. A consultoria mostrou que quase metade das pessoas consumidoras estaria disposta a pagar um valor até 5% maior em um produto de uma empresa que apoia e incentiva a diversidade e a inclusão.

Se a pessoa faz parte desse grupo, a diferença é ainda maior: 41% das pessoas entrevistadas disseram que mudariam de sua loja tradicional para um varejista que apoia a diversidade. Além disso, cerca de 30% de todas as pessoas consumidoras tendem a escolher uma nova loja baseada no seu engajamento com a diversidade e a inclusão.

O clima da empresa também melhora — e muito. Segundo uma pesquisa do Hay Group[38] realizada no Brasil com 170 empresas nacionais, os conflitos chegam a ser 50% menores entre aquelas que reconhecem e praticam a diversidade e a inclusão.

Além disso, as pessoas são 17% mais engajadas e mais dispostas a irem além de suas responsabilidades. O desempenho também é 50% maior do que nas empresas que ainda não acordaram para a importância da diversidade e da inclusão. Ou seja, as pessoas ficam tão felizes que querem entregar mais, fazer mais, participar mais.

O resultado dessa pesquisa também apontou que companhias com pessoas motivadas veem sua receita líquida crescer 4,5 vezes mais do que as demais. Para ter um ambiente inclusivo, produtivo e eficiente, de acordo com o Hay Group Brasil, a participação da liderança é fundamental.

Já o estudo "As políticas pró-diversidade melhoram a inovação corporativa?"[39], publicado em 2017, examinou de que forma a diversidade impacta no resultado financeiro e na valorização da empresa. O resultado mostrou que empresas com programas de diversidade e inclusão de gênero, raça e etnia, orientação sexual afetiva e pessoas com deficiência criam dois produtos a mais por ano do que empresas que não têm esses programas.

Ainda segundo o grupo de pessoas que realizou a pesquisa, as empresas aumentam a inovação porque uma cultura diversa e inclusiva amplia a possibilidade de atrair e reter mais pessoas talentosas, que, juntas, resolvem problemas de forma mais criativa, inovam mais e são mais competitivas durante crises econômicas.

Eu poderia citar estudos por páginas e páginas. O desafio, na verdade, seria encontrar uma pesquisa que mostre que a diversidade e a inclusão são prejudiciais para as empresas. Ainda não vi nenhuma informação que desencoraje a adoção de práticas mais diversas e inclusivas.

O tema costuma entrar nas empresas pelo departamento de recursos humanos — às vezes até ligado à responsabilidade social. Existem gestores e gestoras que veem a diversidade e a inclusão como uma forma de justiça e reparação, mas ignoram que essas ações são estratégias para o crescimento do negócio. E que são tão importantes quanto os planejamentos financeiros e de *marketing*.

Apesar de soar repetitivo, preciso dizer que isso acontece porque estamos acomodados em ambientes homogêneos. À primeira vista, essa fórmula "sempre deu certo". Nossos vieses inconscientes nos prendem a esse modelo de gestão e liderança[40]. Mais uma vez, convido você a questionar esse padrão e descobrir as oportunidades que existem quando estamos em um time com pessoas diversas e nos sentimos pertencentes.

SUGESTÕES PARA IR ALÉM

- TEDx: "Inovação por meio da diversidade", de Rocío Lorenzo, sócia e diretora executiva de telecom no Boston Consulting Group. Disponível em: https://www.ted.com/talks/rocio_lorenzo_innovation_through_diversity

REFERÊNCIAS:

31. ZAK, P. *The Physiology of moral sentiments*. Journal of Economic Behavior e Organization, 2011.

32. BCG (Boston Consulting Group). *The Mix That Matters - Innovation Through Diversity.* Disponível em: https://www.bcg.com/publications/2017/people-organization-leadership-talent-innovation-through-diversity- mix-that-matters.aspx

33. NOLAND, M.; MORAN, T.; KOTSCHWAR, B. *Is Gender Diversity Profitable? Evidence from a Global Survey 2016.* Peterson Institute for International Economics. Disponível em: https://www.piie.com/system/files/documents/wp16-3.pdf

34. MCKINSEY & COMPANY - *A importância da Diversidade.* 2015. Disponível em: https://www.mckinsey.com/business-functions/organization/our-insights/why-diversity-matters/pt-br

35. MCKINSEY & COMPANY - *A diversidade como alavanca de performance,* 2018. Disponível em: https://www.mckinsey.com/business-functions/organization/our-insights/delivering-through-diversity/pt-br

36. OPEN FOR BUSINESS - *New Global Champions Why fast-growing companies from emerging markets are embracing LGBT+ inclusion,* 2018. Disponível em: https://open-for-business.org/new-global-champions

37. ACCENTURE - *All in: Inclusion & Diversity drive shopper habits,* 2019. Disponível em: https://www.accenture.com/us-en/insights/retail/inclusion-diversity-retail

38. HAY GROUP BRASIL - *Diversidade: inclusão ou estratégia?* 2015. Disponível em: https://gwa.com.br/cliente/hay-group/noticias/noticia-14-10-15.pdf

39. MAYER, R.; WARR, R.; ZHAO, J. *Do Pro-Diversity Policies Improve Corporate Innovation?* Financial Management, 2017. Disponível em: https://www.researchgate.net/publication/321896761_Do_Pro-Diversity_Policies_Improve_Corporate_Innovation

40. HALVORSON, H. G.; ROCK, D. *Beyond Bias: How to Shift Ingrained Thinking.* Rotman Management, 2016.

CAPÍTULO 6:
AS FALÁCIAS DO CÉREBRO

Como construímos estereótipos, crenças e
preconceitos de forma inconsciente

Em menos de três minutos, uma propaganda da Coca-Cola do Oriente Médio escancarou o poder das nossas crenças e estereótipos. A marca convidou seis pessoas desconhecidas para participarem de um experimento social: ao redor de uma mesa-redonda em uma sala completamente escura, elas conversavam sobre quem são e o que fazem.

O primeiro a falar contou que tocava em uma banda de *heavy metal*. Os outros participantes tentaram adivinhar a sua aparência: "Ele tem cabelo comprido e, provavelmente, *piercings*". O segundo disse que lê muitos livros sobre psicologia comportamental e já fez uma palestra em um Ted Talk. "Ele deve parecer nerd!", foi o palpite do grupo. O terceiro contou que pratica paraquedismo. E assim por diante.

Claro que nenhum deles se parecia com as pressuposições. Quando as luzes se acenderam, os seis não esconderam a surpresa. O músico de *heavy metal* vestia terno e tinha cabelos curtos, além de nenhuma tatuagem. O interessado em psicologia tinha tatuagens em todo o corpo, inclusive no rosto. E o paraquedista era um cadeirante. Os outros três provocaram essa mesma confusão no cérebro. As informações não dão *match* e não combinam com as nossas associações mentais[41].

Os estereótipos estão cristalizados em nossa mente — é como uma impressão fixa, que demandará bastante esforço para ter uma segunda definição ou uma nova associação[42]. Eles são categorizações muito fortes em nosso cérebro, que levam a generalizações e rótulos sobre características e comportamentos de grupos sociais.

Podemos fazer vários testes rápidos: pense em uma pessoa pilotando um avião... você imaginou um homem ou uma mulher? Agora pense na imagem de um homem com roupas brancas. Deu *match* com um médico? Se há um microfone de lapela na blusa da pessoa, ela deve ser jornalista.

Além de todas as associações mentais que já criamos, nosso idioma ajuda o cérebro a fortalecer quase todas as profissões aos homens. O plural é sempre masculino: os médicos, os executivos, os líderes, os bombeiros, os pilotos e os pesquisadores, por exemplo, mesmo que haja uma mulher no grupo.

Se você voltar para o capítulo anterior, verá que usei a expressão "as pessoas que realizaram a pesquisa" para citar os estudos. Precisei usar mais palavras, é verdade, mas evitei que o seu cérebro inconscientemente imaginasse um grupo de pesquisadores homens. Talvez você tenha imaginado homens mesmo assim, pois sua mente traz a imagem que mais está associada no seu cérebro.

Os estereótipos desencadeiam dois tipos de vieses: os explícitos, que refletem uma crença consciente sobre um determinado grupo de pessoas que levam à discriminação; e os inconscientes, que ocorrem de maneira não intencional, influenciados por pressuposições, estereótipos e crenças sobre um grupo[43]. Essas são as distorções responsáveis por influenciar negativamente nossas decisões, comportamentos e julgamentos sobre as pessoas.

Começamos a criar os estereótipos entre 5 e 7 anos de idade, com base no que vemos e ouvimos. O famoso brinquedo de menina, brinquedo de menino, e o esporte de menina, esporte de menino tem seu papel na formação dos estereótipos[44].

Além disso, os homens aprendem desde meninos que devem ser fortes e racionais, não podem chorar. As mulheres, por outro lado, podem ser emotivas e podem chorar. Logo, associamos de forma inconsciente que os homens são fortes e as mulheres são fracas.

Frases aparentemente bobas, como "meninos não choram!" e "você está chorando igual a uma mulherzinha!", criam estereótipos que têm um grande impacto na vida profissional. Quando essas pessoas estiverem em um processo seletivo, qual delas será contratada? A forte ou a fraca? A racional ou a emocional?

Os estereótipos podem ter implicações positivas ou negativas. Entender que homens brancos são bons líderes, por exemplo, é um estereótipo com implicação positiva[45]. Se participarmos de uma reunião com um homem e uma mulher, tenderemos a acreditar, de forma inconsciente, que é ele quem está na liderança. O homem cabe na caixinha do cérebro de "bom líder". Já a mulher precisará provar e, portanto, sofre com uma implicação negativa[46].

Outro exemplo é assumir que todas as pessoas japonesas são mais inteligentes e organizadas. Esse é um estereótipo que pode ter implicações positivas e negativas. De um lado, é um estereótipo positivo porque ela terá mais chances de conseguir uma vaga de trabalho. Por outro, precisamos pensar que a pessoa pode não se encaixar nessa categoria.

O que acontece é que ela se cobrará e sofrerá por não caber nessa caixa da pessoa inteligente e organizada, gerando um estresse emocional. Ou seja, mesmo as implicações positivas automáticas podem não ser boas para a pessoa.

Outro termo importante de entendermos são as crenças[47]. Se estereótipo é uma informação fixa ou um padrão generalizado, crença é acreditar e internalizar as informações como verdadeiras e repletas de certeza, confiança e segurança.

As crenças são internalizadas desde a infância[48]. São informações passadas por pessoas que têm autoridade sobre nós, como nossos pais, mães, avó, avô, professores ou professoras, e que guardamos como verdades sem questionamentos. Nossas crenças ficam gravadas no inconsciente e desempenham um papel fundamental em nossa personalidade[49].

Por anos ouvi da minha família que pessoas negras têm menos inteligência, que ser gay é errado, que mulheres são naturalmente mais cuidadosas com a casa e os filhos, que pessoas com deficiência são coitadas. Essas crenças e estereótipos se estendiam a outros grupos de pessoas.

Quando eu era criança, frequentemente viajávamos da cidade de São Paulo, onde morávamos, rumo ao interior do Estado para visitar minha avó. Sempre que víamos um grupo de motoqueiros na estrada, meu pai dizia: "Cuidado com esses motoqueiros tatuados!". Passei a vida acreditando que eles não eram legais. Já adulta, sempre que parava para tomar um café na estrada, ficava bem longe dos grupos de motoqueiros. Morria de medo deles.

Até o dia em que sofri um pequeno acidente de carro. Vários carros bateram, após passarem em cima de objetos cortantes que haviam caído na estrada. Um pneu do meu carro furou — entre os cerca de vinte carros envolvidos no acidente, havia mais de trinta pneus furados.

Os tais "motociclistas", aqueles que eu morria de medo, apareceram e ajudaram a trocar todos os pneus. Como estavam de moto, eles conseguiram ir até a cidade mais próxima buscar pneus novos. O estepe dos carros não era suficiente. Alguns estavam com todos os pneus furados. Eles dedicaram várias horas para socorrer todas as pessoas. E foi ali que caiu a minha ficha. Entendi que aquilo que o meu pai falava não fazia o menor sentido. Nunca fizera.

Talvez você me pergunte: mas o que tudo isso tem a ver com a diversidade na empresa? Tudo! Ainda que essas frases cheias de estereótipos e crenças sejam ditas sem intenção negativa, elas ficam gravadas em nosso inconsciente e impactam decisões importantes nas empresas[50].

Nossas crenças e estereótipos não interferem apenas na forma como vemos o outro[51]. Um experimento social realizado com crianças negras mostra o impacto dos estereótipos e crenças na autoestima delas.

Em uma mesa está uma boneca branca e uma boneca negra. As pessoas organizadoras do experimento perguntam às crianças: Qual destas bonecas é bonita? E qual é feia? Qual delas é a má? E qual é a boa?

Para todas as crianças, a boneca bonita e boazinha é a branca; a feia e má é a negra. A pergunta final é a mais impactante e corta o coração: "E com qual delas você se parece?" A criança negra mostra a boneca negra. Como você acha que está a autoestima da criança negra? Quão empoderada ela se sente?

Ao longo dos anos, nosso cérebro seguiu categorizando e criando preferências por grupos. Por incrível que pareça, como fica claro no vídeo das bonecas, podemos até mesmo não fazer parte das nossas próprias preferências. E, assim, sem que percebamos, damos vantagens para um determinado grupo[52].

Quando você estiver entrevistando um candidato ou candidata para uma vaga de emprego, preste atenção às informações inconscientes encaminhadas pelo seu cérebro. Verifique se ele enviou um alerta positivo para uma pessoa com a qual você tem um estereótipo positivo. E qual é o alerta que ele enviou para pessoas de grupos minorizados.

Todas essas verdades armazenadas no cérebro têm o poder de desencadear o preconceito, que é um sentimento ou opinião hostil formada antes de uma experiência ou de um conhecimento adequado. Ao longo da nossa vida, gravamos opiniões formadas sobre diversos grupos da sociedade em nosso inconsciente. E agimos de acordo com essas crenças e estereótipos[53].

Por isso, antes de falar mais sobre o cérebro inconsciente e cada um dos tipos de vieses inconscientes, nos próximos capítulos mostrarei como formamos as principais crenças e estereótipos em relação a alguns dos principais grupos minorizados: mulheres, pessoas negras, pessoas LGBTQIA+ e pessoas com deficiência. Cada um desses grupos sofre com a construção de crenças e estereótipos diferentes.

SUGESTÕES PARA IR ALÉM

- Propaganda: "Rótulos são para latas, não para pessoas", campanha da Coca-Cola para o Oriente Médio, lançada em 2015. Disponível em: https://www.youtube.com/watch?v=wEPYjl0OqsA

REFERÊNCIAS:

41. KAHNEMAN, D.; TVERSKY, A.; SLOVIC, P. *Judgment Under Uncertainty: Heuristics and Biases*, 1982.

42. KATZ, D.; BRALY, K. *Racial prejudice and racial stereotypes*. The Journal of Abnormal and Social Psychology, 1935.

43. GOLBECKA, A.; ASHB, M.; GRAYC, M.; GUMPERTZD M.; JEWELLE, N.; KETTENRINGF, J.; SINGERG, J., GELH, Y. *A conversation about implicit bias*. Statistical Journal of the IAOS, 2016.

44. BIAN, L.; LESLIE, S.; CIMPIAN, A. *Gender stereotypes about intellectual ability emerge early and influence children's interests*. Science, 2017.

45. PAYNE, K.; VULETICH, H. *Policy Insights From Advances in Implicit Bias Research*, SAGE Journal, 2017.

46. KONRAD, A.; RITCHIE, J.; LIEB, P., CORRIGALL, E. *Sex differences and similarities in job attribute preferences: A meta-analysis.* Psychological Bulletin, 2000.

47. DICIONÁRIO MICHAELIS – *Crenças.* Disponível em: http://michaelis.uol.com.br/moderno-portugues/busca/portugues-brasileiro/cren%C3%A7a/

48. MCNAMARA, K. *The Company They Keep: Homophily in preschool relationships,* University of Kansas, 2007.

49. KANDEL, D.B., *Homophily, selection, and socialization in adolescent friendships,* American Journal of Sociology, 1978.

50. FISKE, S.; CUDDY, A.; GLICK, P.; XU, J. *A model of (often mixed) stereotype content: Competence and warmth respectively follow from perceived status and competition.* Journal of Personality and Social Psychology, 2002.

51. NEWCOMB, T. *Stabilities underlying changes in interpersonal attraction.* The Journal of Abnormal and Social Psychology, 1963.

52. MLODINOW, L. *Subliminar: como o inconsciente influencia nossas vidas,* São Paulo: Editora Zahar, 2014.

53. FISKE, S. *Stereotyping, prejudice, and discrimination.* (1998). Disponível em: https://www.researchgate.net/profile/Susan_Fiske/publication/232584255_Stereotyping_prejudice_and_discrimination/links/548b3b760cf214269f1dd2de.pdf

CAPÍTULO 7:
AS MULHERES E O GÊNERO

Em que momento a equidade de gênero deixa de existir

Meu irmão tem dois anos a mais que eu. Quando éramos crianças, ele, diferentemente de mim, não lavava a louça. Tampouco era cobrado por arrumar o quarto. Apenas eu e minha irmã, três anos mais nova, tínhamos essas obrigações. "Vocês são meninas", dizia minha mãe.

Quando minha avó paterna nos visitava, eu também a assistia abrir as gavetas do meu pai para conferir se havia meias furadas. Esse cuidado com as meias parecia meio exagerado. Na época, porém, eu não pensava que poderia ser mais um reflexo das tantas crenças e estereótipos que dificultam a equidade de gênero.

Os exemplos ao meu redor me ensinavam, inconscientemente, que as mulheres são responsáveis por cozinhar, limpar, cuidar da casa e das crianças. Quando falamos de mulheres, é importante dizer que estamos falando de todas elas: brancas, pretas, pardas, amarelas, indígenas, cisgênero e transgênero, de todas as orientações afetivas sexuais, intersexo, com deficiência e de todas as gerações, culturas e nacionalidades.

Segundo uma pesquisa da Plan Internacional[54], a dinâmica da minha casa não era uma exceção. Em 2014, a organização entrevistou quase 1.800 meninas brasileiras entre 6 e 14 anos para descobrir como era a divisão do trabalho doméstico.

Enquanto 81,4% das meninas disseram que arrumam sua própria cama, 76,8% lavam a louça e 65,6% limpam a casa, apenas 11,6% dos seus irmãos arrumam a cama, 12,5% lavam a louça e 11,4% limpam a casa.

A divisão desigual das tarefas tem desdobramentos futuros que sequer consideramos. Uma pesquisa da Universidade Columbia Britânica realizada em 2014[55] identificou que, nas casas onde os pais se diziam publicamente a favor da equidade de gênero, mas não compartilhavam as funções domésticas de forma equitativa, suas filhas eram mais propensas a escolher profissões como enfermagem, bibliotecária e veterinária — ou se tornarem donas de casa.

A pesquisa também sugere que, nas casas onde os pais participam ativamente das tarefas domésticas, as filhas tendem a optar por carreiras nas áreas de engenharia e finanças. Até hoje as áreas de STEM (sigla para ciências, tecnologia, engenharia e matemática) despertam mais interesse nos homens.

Esse estudo mostra como o bom exemplo dos pais é importante para as decisões futuras dos filhos e das filhas. Sempre repito nos treinamentos uma frase dita pelo escritor Ralph Waldo Emerson no século 19: "O que você faz fala tão alto que eu não consigo ouvir o que você diz".

Outro estudo conduzido por três universidades dos Estados Unidos — Illinois, Nova York e Princeton — e publicado na Revista Science[56] revelou um comportamento ainda mais surpreendente. Os pesquisadores fizeram um experimento com crianças de 5 a 7 anos. Na primeira parte, eles contaram uma história sobre uma pessoa muito, muito inteligente para um grupo de meninas e meninos. Não deram pistas sobre o gênero dessa pessoa.

Em seguida, mostraram quatro fotos de desconhecidos — duas mulheres e dois homens. As crianças precisavam adivinhar quem era a pessoa inteligente entre as quatro opções. A maioria das crianças com 5 anos escolheu o próprio gênero como a pessoa mais inteligente. A partir dos 6, no entanto, várias meninas escolheram o gênero masculino.

Na segunda parte do experimento, os pesquisadores apresentaram dois jogos que tinham quase o mesmo nível de dificuldade: um para pessoas inteligentes, outro para pessoas muito esforçadas. A partir dos 6 anos, muitas meninas optaram por participar do jogo para pessoas esforçadas, por acreditarem que inteligência é uma característica masculina.

As pesquisas dão pistas do motivo pelo qual a equidade de gênero no mundo só deve ser alcançada daqui a 135 anos, segundo o Relatório de Desigualdade Econômica de Gênero 2021[57]. Das 156 nações avaliadas pelo Fórum Econômico Mundial, o Brasil ocupa a 93ª posição — caímos 26 posições nos últimos 15 anos.

Por isso é tão importante entendermos a origem dos nossos comportamentos. Nosso cérebro absorve os exemplos que vemos a todo instante, como a boneca de presente para a menina; o carrinho para o menino; as panelinhas de plástico para a menina; as armas de plástico para o menino.

Desde pequenas as meninas recebem estímulos para serem cuidadoras, colaborativas e prestativas, desenvolvendo relações interpessoais. Ser gentil, atenciosa, amigável, colaborativa, obediente, discreta, intuitiva e compreensiva também se associa aos estereótipos do papel de gênero feminino[58].

Já os meninos são orientados a serem dominadores, competitivos e competentes, para que se tornem os provedores financeiros da família[59]. Entre as características mais associadas aos homens, estão ambição, assertividade, independência, autoconfiança e racionalidade[60].

A filósofa Simone de Beauvoir[61] já disse, em 1949, que ninguém nasce mulher, mas, sim, torna-se mulher. Sei que a frase gera certo desconforto. "Mas e a biologia? E os hormônios?", você pode questionar. As mulheres realmente têm mais oxitocina, o hormônio das relações sociais, do amor e da felicidade. Já os homens têm mais testosterona, um possível combustível para a agressividade[62].

Mas essa influência hormonal é muito menor do que as regras culturais que aprendemos desde que nascemos. Acreditamos que homens não podem usar saia. Mas na Escócia usam. Que homens só cumprimentam com um aperto de mãos. Mas na Argentina se beijam no rosto. Que homens não andam de mãos dadas com outros homens. Mas na Turquia andam.

Esses estereótipos estão arraigados em nossa mente há séculos e variam muito de acordo com a cultura do país em que nascemos, a nacionalidade de origem da nossa família e a forma como fomos educadas e educados.

Segundo a ONU Mulheres[63], gênero é uma construção social que determina o que é esperado, permitido e valorizado para homens e mulheres. Cada gênero deve seguir os comportamentos, atividades e atributos considerados apropriados. Ser mulher ou ser homem não está estabelecido na natureza, mas é fixado pelas relações e normas sociais e culturais que criam as estruturas nas quais os indivíduos devem atuar[64].

Por muitos anos, o principal papel do homem foi associado ao de ser o provedor financeiro da família. Com esse poder atrelado aos homens, eles são os tomadores das decisões e responsáveis pela proteção da família.

Por outro lado, as mulheres são responsáveis pelo cuidado da casa e pela criação dos filhos. Em 1955, a revista americana Housekeeping publicou "O Guia das Boas Esposas"[65], com diversas informações sobre como as mulheres deveriam ser submissas aos maridos e cuidar dos filhos.

Nas normas sociais do Brasil, estabelecidas no Código Civil de 1916, o homem era o representante legal da família. Ele tinha a obrigação de fixar o domicílio da família e prover sustento e manutenção[66]. A mulher casada só poderia trabalhar fora, viajar ou realizar qualquer transação financeira com a autorização do marido. As mulheres não tinham autonomia para tomar decisões, o que demonstrava uma incapacidade feminina.

O artigo 5º da Constituição da República Federativa do Brasil[67] estabelece o princípio constitucional da igualdade: "Todos são iguais perante a lei, sem distinção de qualquer natureza, garantindo-se aos brasileiros e aos estrangeiros residentes no país a inviolabilidade do direito à vida, à liberdade, à igualdade, à segurança e à propriedade, nos termos seguintes: I - homens e mulheres são iguais em direitos e obrigações, nos termos desta Constituição."

No entanto essa igualdade está longe de ser uma realidade. Um levantamento mundial realizado em 2015[68] aponta que a maior responsabilidade das mulheres em relação às tarefas domésticas as associa a pessoas gentis, cuidadosas e boas mães — prontas para se sacrificarem pelo outro. Por outro lado, não é esperado que os homens criem vínculos emocionais com seus filhos, mas que sejam responsáveis pelo sustento e pelas tomadas de decisões.

Todas essas construções mentais, que parecem tão naturais, se estendem para o ambiente de trabalho. O problema é que esses estereótipos prejudicam a carreira das mulheres. Mesmo sabendo que as mulheres representam 51,8% da população brasileira[69] — e dão à luz os outros 48,2% —, elas ainda não ocupam a metade dos cargos de gestão das empresas.

E as mulheres têm, sim, vontade de ocupar cargos de liderança. A ONG norte-americana Catalyst[70] fez uma pesquisa que mostra que as mulheres têm ambição no início da carreira, mas começam a desistir no meio do caminho.

Entre os obstáculos desmotivadores estão a falta de oportunidade para conquistar cargos de liderança, as microagressões nas relações interpessoais, os poucos exemplos de outras mulheres na liderança e as poucas ações e políticas inclusivas nas empresas.

Ainda assim, as mulheres superam os homens em estudos e preparação para a carreira. Dados do Instituto Brasileiro de Geografia e Estatística (IBGE) de 2010[71] mostram que 23,5% das mulheres com mais de 25 anos têm ensino superior. Por outro lado, 20,7% dos homens têm a mesma titulação. Nas pós-graduações em administração e negócios, 56% das pessoas são do gênero feminino, segundo uma pesquisa de 2020 da consultoria Expertise Educação.

Outra pesquisa do IBGE[72] de 2016 mostra que as mulheres, mesmo com o nível educacional maior, ganham em média 76,5% do salário dos homens — embora ocupem o mesmo cargo e exerçam as mesmas funções. Quando analisamos o caso apenas das mulheres negras, o percentual é ainda mais baixo.

Entre tantos estudos comprovando a disparidade no ambiente corporativo, uma pesquisa da McKinsey aponta como a cultura machista perpetua nas corporações. Antes de falarmos dos resultados, ressalto que a cultura machista se define pela supervalorização das características masculinas — aquelas mesmas que são estimuladas desde a infância, como competência, assertividade e racionalidade.

Segundo a pesquisa chamada "Women in the Workplace" e publicada em 2020[73], as mulheres têm menos probabilidade de serem contratadas para cargos gerenciais. A probabilidade de serem promovidas também é menor. Para cada cem homens promovidos a gerentes, apenas 72 mulheres recebem a promoção.

A equidade de gênero transformará positivamente toda a sociedade. O relatório da Organização Internacional do Trabalho (ILO): "Perspectivas Sociais e de Emprego no Mundo – Tendências para Mulheres"[74] de 2017 aponta que a redução de 25% nas desigualdades de gênero até 2025 adicionaria US$ 5,8 trilhões à economia mundial.

Um recorte considerando apenas o Brasil mostra que haveria um aumento de R$ 382 bilhões, o que representa 3,3% no PIB nacional. A conclusão do estudo é que a redução na desigualdade de gênero beneficiaria não apenas as mulheres, mas a economia de todos os países.

Essa cultura machista, além de ser péssima para as mulheres, também é maléfica para os próprios homens. O sociólogo americano Michael Kimmel[75] explica que a cultura patriarcal deu origem à "masculinidade tóxica", termo usado para tratar a dificuldade que os homens têm em lidar com as emoções e em falar sobre os seus sentimentos.

Há quem acredite que a masculinidade tóxica significa que os homens são tóxicos. Na verdade, a toxicidade está na suposta masculinidade que ensina aos homens, desde meninos, que eles não podem chorar, nem manifestar seus sentimentos, pois as emoções e os sentimentos são demonstrações de fraqueza, medo e vulnerabilidade. Entre 10 e 12 anos, os meninos aprendem a rejeitar qualquer comportamento tido como "feminino", com receio de abalar a sua masculinidade[76].

Essa cultura desumaniza os homens e aumenta os níveis de estresse e ansiedade, o que pode levar ao consumo excessivo de álcool e drogas[77]. Até mesmo o índice de suicídio é quatro vezes maior entre homens do que entre mulheres.

Por isso é tão fundamental que os homens também participem dessa conversa e se engajem nessa causa. Homens podem, sim, mostrar vulnerabilidade e emoções[78]. Afinal, somos todos seres humanos emocionais.

A equidade de gênero transformará positivamente toda a sociedade. É importante que os homens também reivindiquem que todas as mulheres — esposas, filhas, sobrinhas e irmãs, suas colaboradoras e pares — conquistem cargos de gestão e liderança e ganhem salários iguais.

"Agora vou ter que contratar mulher!", escuto algumas pessoas falarem ao final do treinamento. Por trás dessa frase está o "vou ter que trazer essa pessoa que não está preparada", "vou ter que trazer essa pessoa que é muito emocional".

No entanto uma meta-análise de 45 estudos comparativos[79] sobre os estilos de liderança transformacional e transacional de homens e mulheres identificou que as mulheres líderes são mais transformadoras e têm mais comportamentos colaborativos com as pessoas do time.

É preciso compreender que as mulheres estão tão preparadas para os cargos de liderança quanto os homens. Ou seja, a única coisa que "vamos ter que" fazer é desconstruir as crenças e os estereótipos de gênero que fazem parte de nós há tanto tempo. Como eu disse no começo do livro, vamos ter que desaprender — para reaprender.

> **SUGESTÕES PARA IR ALÉM**
>
> - Documentários:
>   - "The mask you live in" (A máscara em que você vive), dirigido por Jennifer Siebel Newsom. Disponível em: https://www.amazon.com/Mask-You-Live-Ashanti-Branch/dp/B01BXL0J6E
>   - "O silêncio dos homens", produzido por Papo de Homem e Instituto PdH. Disponível em: https://www.youtube.com/watch?v=N-Rom49UVXCE
>   - "Eu não sou um homem fácil", produzido pela Netflix.

REFERÊNCIAS:

54. PLAN INTERNATIONAL BRASIL - *Por ser menina no brasil - Crescendo entre Direitos e Violências*. Disponível em: http://primeirainfancia.org.br/wp-content/uploads/2015/03/1-por_ser_menina_resumoexecutivo2014.pdf

55. CROFT, A.; SCHMADER, T.; BLOCK, K.; BARON, A. *The Second Shift Reflected in the Second Generation: Do Parents' Gender Roles at Home Predict Children's Aspirations?* Psychological Science, 2014.

56. BIAN, L.; LESLIE, S.; CIMPIAN, A. *Gender stereotypes about intellectual ability emerge early and influence children's interests.* Science, 2017.

57. FÓRUM ECONÔMICO MUNDIAL. Disponível em: http://www3.weforum.org/docs/WEF_GGGR_2021.pdf

58. BRAUN, S.; STEGMANN, S.; JUNKER, N., DICK, R. *Think manager—think male, think follower — think female: Gender bias in implicit followership theories.* Journal

of Applied Social Psychology., 2017.

59. BUCK, G.; LESLIE-PELECKY, D.; KIRBY, S. *Bringing female scientists into the elementary classroom: Confronting the strength of elementary students' stereotypical images of scientists.* Journal of Elementary Science Education, 2002.

60. HEILMAN, M.; MANZI, F.; BRAUN, S. *Presumed incompetent: perceived lack of fit and gender bias in recruitment and selection. Handbook of gendered careers in management: getting in, getting on, getting out.* Cheltenham: Edward Elgar, 2015.

61. BEAUVOIR, S. *O segundo sexo: Edição Comemorativa* 1949 - 2019, Rio de Janeiro: Editora Nova Fronteira, 2019.

62. ZAK, P.; BORJA, K.; MATZNER, W.; KURZBAN, R. *The Neuroeconomics of Distrust: Sex Differences in Behavior and Physiology*, American Economic Review, 2005.

63. ONU MULHERES. *Equality between women and men (gender equality).* Disponível em: http://www.un.org/womenwatch/osagi/conceptsandefinitions.htm

64. LORBER, J.; MOORE, L. *Gender and the Social Construction of Illness*, 2002.

65. HOUSEKEEPING MAGAZINE - *The Good Wife's Guide* (1955). Disponível em: https://www.littlethings.com/1950s-good-housewife-guide-vcom/

66. PRESIDÊNCIA DA REPÚBLICA DO BRASIL – CÓDIGO CIVIL DE 1916 - LEI Nº 3.071. Disponível em: http://www.planalto.gov.br/ccivil_03/LEIS/L3071.htm

67. CONSTITUIÇÃO DA REPÚBLICA FEDERATIVA DO BRASIL – Artigo 5º. Disponível em: https://www.senado.leg.br/atividade/const/con1988/con1988_15.12.2016/art_5_.asp

68. CONNELL, R.; PEARSE, R. *Gênero: uma perspectiva global.* São Paulo: Editora Versus, 2015.

69. IBGE – Instituto Brasileiro de Geografia e Estatística. Estatísticas de Gênero 2010. Disponível em: https://biblioteca.ibge.gov.br/visualizacao/livros/liv88941.pdf

70. CATALYST - The Double-Bind Dilemma for Women in Leadership, 2007. Disponível em: https://www.catalyst.org/research/the-double-bind-dilemma-for-women-in-leadership-damned-if-you-do-doomed-if-you-dont/

71. IBGE – Instituto Brasileiro de Geografia e Estatística. Estatísticas de Gênero 2010. Disponível em: https://biblioteca.ibge.gov.br/visualizacao/livros/liv88941.pdf

72. IBGE - Mulher estuda mais, trabalha mais e ganha menos do que o homem, 2016. Disponível em: https://agenciadenoticias.ibge.gov.br/agencia-noticias/2012-agencia-de-noticias/noticias/20234-mulher-estuda-mais-trabalha-mais-e-ganha-menos-do-que-o-homem

73. MCKINSEY - *Women in the Workplace 2020.* Disponível em: https://www.mckinsey.com/featured-insights/diversity-and-inclusion/women-in-the-workplace

74. ILO (International Labour Organization). *Perspectivas Sociais e de Emprego no Mundo – Tendências para Mulheres 2017*. Disponível em: https://www.ilo.org/brasilia/noticias/WCMS_558360/lang--pt/index.htm

75. KIMMEL, M. *The History of Men: Essays on the History of American and British Masculinities*. Editor: SUNY Press, 2005.

76. WALING, A. *Rethinking Masculinity Studies: Feminism, Masculinity, and Poststructural Accounts of Agency and Emotional Reflexivity*, 2019.

77. PAPO DE HOMEM. *O silêncio dos homens*. Disponível em: https://papodehomem.com.br/o-silencio-dos-homens-documentario-completo/

78. HOWES, L. *The Mask of Masculinity: How Men Can Embrace Vulnerability, Create Strong Relationships, and Live Their Fullest Lives*, 2019.

79. EAGLY, A.; JOHANNESEN-SCHMIDT, M.; VAN ENGEN, M. *Transformational, transactional, and laissez-faire leadership styles: a meta-analysis comparing women and men*. Psychological Bulletin, 2003.

CAPÍTULO 8:
AS PESSOAS NEGRAS

Por que não vemos profissionais com diferentes cores de pele nas empresas

Cresci ouvindo algumas pessoas da minha família falando que pessoas negras não eram tão inteligentes quanto as brancas. A origem desse pensamento extremamente racista está na história da minha família. Não que a explicação repare a fala preconceituosa, mas ajuda a entender de onde vêm nossas crenças.

Minha avó era neta de escoceses que migraram para o sul dos Estados Unidos no início do século 19. Seus pais — os meus bisavôs — tinham propriedades agrícolas no sul dos Estados Unidos. No entanto a vida ficou difícil durante a Guerra da Secessão Americana, nos anos 1860.

Resumidamente, o norte dos Estados Unidos defendia o desenvolvimento industrial e a abolição da escravatura. Já os estados do sul defendiam o trabalho escravo e o plantio de monoculturas, principalmente o algodão.

A região sul perdeu a guerra. A economia piorou. Meus bisavôs deixaram tudo para trás e se mudaram para o Brasil. Muitos preconceitos, infelizmente, vieram junto. Mais de um século depois, acabei assistindo à minha avó pedindo perdão para a enfermeira negra que cuidou dela nos seus últimos instantes de vida.

Durante a minha infância e adolescência, vivi muitas histórias parecidas com essa. Um dos meus melhores amigos da escola era a única pessoa negra de todo o colégio. A pergunta que minha família me fazia repetidamente era: "Você não está namorando com ele, né?".

Eu também ouvia que a maioria das pessoas presas era negra, reforçando o estereótipo que aparecia na televisão. Era como se a culpa fosse da cor da pele. Os traficantes eram personagens negros. A pessoa do mal era a negra.

VIÉS INCONSCIENTE

Crescemos ouvindo frases e expressões racistas[80]. Isso ajuda a criar associações mentais inconscientes que relacionam pessoas negras a coisas negativas[81]. Ninguém percebe que isso acontece no cérebro. Mas veja o *show* de horrores das expressões que muitas pessoas ainda usam: mercado negro, lista negra, a coisa tá preta, ovelha negra, serviço de preto, denegrir (tornar preto), entre tantas outras.

Como já falei no início, o Teste de Associação Implícita de Cor da Pele mostrou que eu tinha uma leve preferência por pessoas brancas. Pesquisas mostram que, durante o teste, mesmo as pessoas que não se consideram racistas, como eu, têm mais dificuldade em associar a palavra "bom" a uma pessoa negra do que a uma pessoa branca.

Só entendi isso na prática quando entrei para o Grupo Mulheres do Brasil e me senti acuada após ouvir que eu tinha privilégio branco. Esses dois episódios trouxeram a questão para a minha consciência. A partir de então, comecei a mudar.

A boa notícia é que é possível transformar nossos pensamentos e comportamentos[82]. Podemos estabelecer novos caminhos neurais. Desconstruir as associações negativas que o nosso cérebro fez ao longo da vida. Interromper pensamentos e atitudes racistas. Parar de levar essas crenças para as próximas gerações.

O Brasil tem a segunda maior população negra do mundo. Segundo a pesquisa do IBGE divulgada em 2019, 56,1% das pessoas se declaram negras — o instituto considera a soma de pessoas pretas e pardas. Dos 209,2 milhões de habitantes, 19,2% declaram ser pretos, enquanto 89,7% afirmam ser pardos.

Mesmo compondo mais da metade da população, o número de pessoas negras (pretas e pardas) nas empresas não reflete essa realidade.

Em 2016, uma pesquisa do Instituto Ethos com as 500 empresas com maior faturamento do Brasil[83] mostrou que o ambiente corporativo é um reflexo da nossa sociedade racista. Antes de falar sobre o resultado, porém, uma informação importante: apenas 27 empresas responderam ao questionário referente às principais características físicas dos colaboradores.

Entre esse grupo de empresas — e talvez enviesado, uma vez que eram aquelas que tinham informações para compartilhar —, as pessoas negras representam 35,7% dos profissionais, mas ocupam apenas 4,7% do quadro executivo. Na gerência, são 6,4%. Nos conselhos de administração, 4,9%.

Pessoas negras são maioria somente entre aprendizes e *trainees*, compondo 57% e 58% das equipes, respectivamente. Até mesmo entre estagiários e estagiárias, a população negra ocupa apenas 28,8% das posições.

Um estudo do IBGE de 2019, chamado "Desigualdades sociais por cor ou raça no Brasil"[84], também revelou que pessoas brancas recebem 73,9% a mais de salário do que as pessoas negras. Além disso, pessoas brancas com nível superior completo ganham, por hora, 45% a mais.

Mesmo assim, o número de pessoas negras com ensino superior triplicou nos últimos 10 anos[85]. Em 2018, por exemplo, pessoas pretas ou pardas passaram a ser 50,3% dos estudantes de ensino superior da rede pública. O velho argumento que dizia que "não temos pessoas negras qualificadas para posições estratégicas" parece estar caindo por terra.

Agora a bola para mudar o jogo está com as empresas. Vejo casos em que a pessoa negra fala dois ou três idiomas e tem pós-graduação, mas ouve que a forma como ela se veste e seu cabelo não se encaixam nas normas da corporação. Para não contratar, a desculpa é que ela não tem "*fit cultural*"[86].

Esse fato é comprovado por uma pesquisa realizada pela Universidade Duke, nos Estados Unidos, em 2020[87]. O experimento com possíveis candidatos e candidatas a uma vaga de emprego mostrou que mulheres negras com cabelo natural são percebidas como menos profissionais do que aquelas que alisam os cabelos.

Quando vejo essa realidade nas empresas, lembro dos argumentos da minha saudosa avó. São crenças e estereótipos que relacionam pessoas negras com pessoas menos inteligentes e competentes.

Por fim, uma última pesquisa que mostra a atuação desses padrões inconscientes. O IBGE[88] conversou com 15 mil pessoas e descobriu que a cor da pele interferia na vida profissional de 71% das pessoas entrevistadas. Até mesmo as entrevistas de emprego com pessoas negras são diferentes: em média, as pessoas recrutadoras dedicam 25% menos tempo de conversa.

Lembro quando chamei a Luanny Faustino para trabalhar comigo em uma das últimas empresas que passei antes de fundar a CKZ. "Mas você contratou uma negra?", perguntou o diretor para quem eu reportava. "Contratei uma pessoa que tem todas as competências que preciso e que é negra", respondi.

Na época, a Luanny era uma das minhas únicas referências negras no ambiente corporativo. Quando eu ouvia suas histórias como sendo a única executiva negra nas multinacionais por onde passara, eu achava que ela exagerava. Quando entrei para o Comitê de Igualdade Racial do Grupo Mulheres do Brasil, conheci muitas Luannys.

Até hoje peço desculpas por ter demorado a perceber o meu privilégio branco. Luanny também está comigo na CKZ há cinco anos. Eu sigo aprendendo ao seu lado. Ela lidera diversos treinamentos, compartilha sua experiência e mostra por que um plano estratégico e ações afirmativas são fundamentais para aumentar o número de pessoas negras no ambiente corporativo — e principalmente nos cargos de gestão e liderança.

Nesses *workshops*, sempre escutamos comentários que mostram como muitas pessoas ainda não compreendem o que é o racismo estrutural. Recentemente, um diretor branco levantou a mão e contou que nascera em uma comunidade carente e frequentara escola pública. "Eu me esforcei e, hoje, sou líder", ele disse.

"Quantas pessoas negras estudaram com você?", perguntei. "Várias", ele disse. "E quantas chegaram perto de uma cadeira como a sua?" Ele respondeu: "Nenhuma". Não conto esse caso para desmerecer a trajetória desse diretor. O importante é compreender que, mesmo vindo da mesma comunidade, a cor da sua pele branca exerce influência a favor da carreira[89].

O estudo "A face do racismo"[90], do Instituto Locomotiva, confirma essa informação: 36% das pessoas no Brasil e 76% das pessoas negras conhecem alguém que já sofreu preconceito, discriminação, humilhação ou deboche pela cor da pele ou raça no ambiente de trabalho.

Em outro treinamento, um participante contou que vinha de uma família miscigenada de pessoas brancas e negras. "Eu sou branco; meu irmão é negro", ele disse. "Estudamos engenharia na mesma faculdade. Eu sou diretor de empresa; meu irmão não consegue emprego".

Dou esses exemplos para mostrar a importância de falarmos sobre o assunto. Só assim traremos essas questões para a consciência. Faremos as pessoas brancas, como eu, refletirem sobre a forma como as oportunidades se apresentam dependendo da cor da pele.

Felizmente, algumas empresas já reconhecem que a questão racial faz parte da sua responsabilidade corporativa. Em 2020, vimos tanto a Bayer quanto o Magazine Luiza lançando programas de *trainees* exclusivos para pessoas negras.

Como disse o ex-presidente da Bayer, Theo van der Loo, um grande aliado na causa da diversidade e inclusão, as pessoas negras não querem favores, querem oportunidades. A frase pode ser estendida para todas as pessoas de grupos minorizados. E deve ser ouvida por todas as pessoas — afinal, nós somos parte da solução.

SUGESTÕES PARA IR ALÉM

- Livro: Racismo estrutural, de Silvio Almeida, advogado, filósofo e professor universitário.
- Série: "A Vida e a História de Madam C.J. Walker", produzido pela Netflix.
- Filme: "Green Book", vencedor do Oscar de Melhor Filme de 2019.

REFERÊNCIAS:

80. GELEDÉS. Disponível em: https://www.geledes.org.br/em-boca-fechada-nao-entra-racismo-13-expressoes-racistas-que-devem-sair-seu-vocabulario/?gclid=CjwKCAjw092IBhAwEiwAxR1lRmUlloDBbW2jPi0R58Az6R9Z2eT-oevayEY0YCO2MLUfhgsDQySmnRoCU3MQAvD_BwE

81. ALTER, A.; STERN, C.; GRANOT, Y.; BALCETIS, E. *The "Bad Is Black" Effect: Why People Believe Evildoers Have Darker Skin Than Do-Gooders*, Pers Soc Psychol Bull, 2016.

82. CHAUDHARY, B.; BERHE, A. *Ten simple rules for building an antiracist lab*, PLOS, 2020.

83. INSTITUTO ETHOS - *Perfil social, racial e de gênero das 500 maiores empresas do Brasil e suas ações afirmativas*, 2016. Disponível em: https://www.ethos.org.br/wp-content/uploads/2016/05/Perfil_Social_Tacial_Genero_500empresas.pdf

84. IBGE - *Desigualdades Sociais por Cor ou Raça no Brasil*, 2019. Disponível em: https://biblioteca.ibge.gov.br/visualizacao/livros/liv101681_informativo.pdf

85. AGÊNCIA BRASIL. Disponível em: https://agenciabrasil.ebc.com.br/educacao/noticia/2016-12/percentual-de-negros-em-universidades-dobra-mas-e-inferior-ao-de-brancos

86 ESTADO DE MINAS. Disponível em: https://www.em.com.br/app/noticia/opiniao/2021/05/26/interna_opiniao,1270285/fit-cultural-e-diversidade.shtml

87. DUKE FUQUA School of Business. Disponível em: https://www.fuqua.duke.edu/duke-fuqua-insights/ashleigh-rosette-research-suggests-bias-against-natural-hair-limits-job

88. IBGE - *Pesquisa das Características Étnico-Raciais da População: um Estudo das Categorias de Classificação de Cor ou Raça*". Disponível em: http://g1.globo.com/brasil/noticia/2011/07/para-637-dos-brasileiros-cor-ou-raca-influencia-na-vida-aponta-ibge.html#:~:text=Para%2071%25%20dos%20entrevistados%2C%20cor,ra%C3%A7a%20tem%20influ%C3%AAncia%20no%20trabalho.&text=Levantamento%20realizado%20pelo%20Instituto%20Brasileiro,ou%20ra%C3%A7a%20influencia%20na%20vida

89. KEITH, V.; HERRING, C. *Skin Tone and Stratification in the Black Community*. American Journal of Sociology, 1991.

90. INSTITUTO LOCOMOTIVA. *As faces do racismo*, 2020. Disponível em: https://0ca2d2b9-e33b-402b-b217-591d514593c7.filesusr.com/ugd/eaab21_b58cdbbf6aa34a23a4fcb1cb2fc67717.pdf

CAPÍTULO 9:
AS PESSOAS LGBTQIA+

Como esse grupo enxerga a sua própria inclusão no trabalho

"A pessoa opta por ser gay. Logo, ela também pode escolher não ser gay". Essa foi uma das frases esquisitas que ouvi em casa quando criança.

Estou falando da minha família mais uma vez. Amo minha família e nos damos muito bem, mas isso não impede que eu perceba as crenças e os preconceitos que eles carregam, passados de geração em geração. Consegui reverter alguns, mas ainda hoje escuto comentários desanimadores.

A verdade é que algumas pessoas da minha família têm atitudes e comportamentos homofóbicos — por mais pesada que possa ser essa afirmação. Na crença de algumas delas, ser gay é uma escolha, além de ser entendido como um desvio de moral.

Fico feliz ao ver que a geração da minha filha lida com o assunto de maneira muito mais natural. Não sei se posso generalizar, mas vejo isso no círculo de amigos e amigas da Beatriz.

Na minha época, uma conversa como essa era inimaginável. "Mãe, por que os pais têm medo de que o filho seja gay ou a filha lésbica?", ela me perguntou e logo completou: "A pessoa não vai virar gay ou lésbica". Beatriz não tem dúvida de que a orientação sexual afetiva é algo que está dentro da pessoa. Não é um comportamento aprendido por influências externas, ou seja, os pais não podem definir a sexualidade das crianças.

Minha filha continuou: "Não entendo isso. Se a criança se identificar com uma pessoa da propaganda que mostra um casal homoafetivo, é porque ela já é lésbica ou gay. E que bom para a família que o filho ou a filha já descobriu que é homossexual". O que a minha geração falaria? Jamais concluiria esse pensamento dizendo "que bom", mas, sim, "que pena".

A cisheteronormatividade cria um padrão dominante, um conceito que considera "normal" e "correto" apenas pessoas cisgênero e heterossexuais[91]. Essa percepção errônea marginaliza e leva à violência e perseguição das pessoas LGBTQIA+[92]. É uma forma de hierarquização da sexualidade[93].

A sigla LGBTQIA+ representa as Lésbicas, Gays, Bissexuais, pessoas Trans, Queer, Intersexuais, Assexuais[94] e outros grupos e variações de sexualidade e gênero, como as pessoas Pansexuais, representadas na sigla pelo símbolo mais (+). E inclui quatro aspectos: sexo biológico, identidade de gênero, expressão de gênero e orientação sexual afetiva.

O sexo biológico se refere às características fisiológicas com as quais a pessoa nasce (órgãos genitais e reprodutivos e cromossomos). Nesse aspecto, podemos diferenciar a pessoa entre fêmea, intersexual ou macho.

A identidade de gênero é a percepção íntima que a pessoa tem de si mesma. A pessoa cisgênero é aquela que se identifica com o gênero com o qual nasceu. A pessoa transgênero é aquela que não se identifica com o gênero atribuído no nascimento. A pessoa não-binária é a que entende que seu gênero está entre homem e mulher ou entre nenhum.

A expressão de gênero é a forma como a pessoa manifesta sua identidade, suas roupas, corte de cabelo, comportamento, entre outras. Ela pode ser feminina, masculina ou andrógina (quando tem características de ambos).

Por fim, temos a orientação sexual afetiva. Os mais comuns: heterossexual, que são aqueles que sentem atração sexual afetiva por pessoas do gênero oposto; homossexual, que são as pessoas que sentem atração sexual afetiva por pessoas do mesmo gênero — também chamadas de gays ou lésbicas; bissexual, aqueles que sentem atração sexual afetiva por homens e mulheres; e assexual, que sentem atração afetiva, mas não sentem atração sexual.

Existem diversas possibilidades. Entender essa pluralidade é importante para respeitarmos as características de cada pessoa e mudar nossas associações mentais.

Afinal, nos ensinaram que, ao vermos um homem, por exemplo, devemos naturalmente imaginar que ele gosta de mulher — e vice-versa. Sequer consideramos que a pessoa possa gostar de alguém do mesmo sexo, ou gostar dos dois sexos, ou não gostar de nenhum, ou não ter identificação com seu gênero.

Lembro de uma cena recente que vivemos à mesa. Minha filha trouxe sua amiga, que é bissexual, para almoçar conosco. Minha mãe fez a pergunta que jovens tanto ouvem nessa época: "Você já tem namoradinho?" A resposta a surpreendeu: "Tenho uma namoradinha".

Talvez você já tenha feito esse tipo de pergunta de forma inconsciente. Ou já ouviu alguém perguntar. Talvez também não tenha pensado sobre o enorme privilégio de casais heterossexuais que andam de mãos dadas na rua e podem se beijar. Sem atrair olhares curiosos. Sem chamar a atenção.

Esse conservadorismo dificulta a aceitação das crianças em relação à sua própria orientação sexual afetiva ou identidade de gênero. A publicação "Este livro é gay: e hétero, e bi, e trans...", escrito por Juno Dawson, uma mulher transgênero, mostra como as crianças a partir dos 7 anos de idade já se percebem como gays, lésbicas, bissexuais ou trans.

A partir daí, a pessoa tende a viver um ciclo de exclusão. Primeiramente, ela não se aceita. Se o correto é ser heterossexual, algo que ela aprende desde pequena, então algo está errado. Depois vem a exclusão por parte de amigos e da família, junto com o *bullying* fantasiado de brincadeiras inofensivas.

Essa exclusão vai além da escola e da família e acompanha a pessoa no ambiente de trabalho[95]. Um estudo publicado no Jornal de Psicologia Social, em 2008[96], mostrou que pessoas percebidas como gays ou lésbicas tinham uma avaliação mais negativa do que pessoas percebidas como heterossexuais.

Mesmo empresas mais diversas podem ter preconceitos velados. Quando falamos sobre inclusão LGBTQIA+ durante o processo de consultoria da CKZ, algumas pessoas dizem: "Aqui a pessoa pode ser quem ela quiser. Mas as pessoas preferem não falar sobre suas vidas pessoais".

"Quando tem festa da empresa, essa pessoa leva o seu marido ou esposa?", perguntamos. Ouvimos um tímido não como resposta. Então eu pergunto: até que ponto a pessoa se sente verdadeiramente incluída?

Uma pesquisa realizada pela Santo Caos[97] em 2015 revelou que 41% das pessoas brasileiras entrevistadas afirmam ter sofrido discriminação por sua orientação sexual afetiva ou identidade de gênero no ambiente de trabalho. Além disso, 33% das empresas brasileiras não contratariam uma pessoa LGBTQIA+ para um cargo de chefia.

Outros dados do estudo apontam que 61% dos colaboradores LGBT optam por esconder a sexualidade de colegas com medo de exclusão e que 90% dos travestis estão se prostituindo por não terem conseguido um emprego, mesmo quando têm um bom currículo.

No final de 2020, fiz uma *live* no YouTube da CKZ com Renato Camargo[98], *country manager* de uma *fintech* de pagamentos móveis e serviços financeiros. Um tempo antes, ele fizera um *post* no LinkedIn dizendo ser gay. O que muitos amigos disseram? "Tá louco? Como vai falar que é gay?" Ainda assim, ele só se sentiu confortável para falar sobre o assunto publicamente quando chegou ao cargo mais alto da empresa.

Durante a nossa conversa, ele contou saber que faz parte de um grupo minorizado, mas ainda assim privilegiado. "Mulheres trans são extremamente marginalizadas quando comparadas a homens brancos e gays", disse. Renato também disse que costuma ouvir que nem parece gay! Sua aparência parece hétero. Como se essa frase fosse um elogio.

Daniele Botaro, líder de diversidade e inclusão de uma empresa de tecnologia, também falou que ouve comentários assim, durante outra *live* que fizemos no YouTube[99]. Dani é lésbica, casada e mãe da Rafaella.

"Sempre me perguntam como eu saí do armário", ela contou. "Mas, quando você não é hétero, você sai do armário todo dia". Tarefas tão cotidianas quanto ir a uma loja podem virar um evento. "Vou pagar e digo que o cartão é da minha esposa. A pessoa fala: 'Ah, que legal! Tenho uma prima que é lésbica; uma vizinha também!'".

A intenção é boa. A pessoa se esforça para mostrar que é inclusiva e não tem preconceito. "Mas acaba indo para um lado da comédia", conta ela. "E causa uma situação meio desconfortável. Se eu tivesse dito que o cartão era do meu marido, ela não teria dito 'uau! Minha prima também tem um marido!'".

Esse tipo de situação só acontece porque ainda não normalizamos a diversidade de orientações sexuais afetivas e identidades de gênero. É como aquela frase que muitas pessoas falam: "Não tenho preconceito; tenho até amigo gay". Será que a pessoa falaria "tenho até amigo hétero?". Sempre que invertermos a situação e a frase parecer estranha... é porque é estranha mesmo. E provavelmente preconceituosa.

Algumas pessoas também acreditam ser aceitável fazer brincadeiras ou piadas sobre os grupos minorizados, principalmente as pessoas LGBTQIA+.

É comum ouvir brincadeiras carregadas de preconceito, como "que viadagem!", "é muito bicha", "tudo bem ser gay, mas não precisa ser afeminado", "onde você comprou essa camisa não tinha para homem, não?", "nossa, duas mulheres!", "esta sopa de letrinhas" e por aí vai... "Ah! Mas não estou falando para machucar. Logo, não estou machucando...", pensam algumas pessoas. Elas estão enganadas.

Proponho uma reflexão rápida: você consegue identificar as pessoas gays e lésbicas na sua empresa? Ou será que as brincadeiras e piadinhas preconceituosas inibem as pessoas de assumirem a sua orientação sexual afetiva e sua identidade de gênero?

Segundo a pesquisa internacional Getting to Equal 2020: Pride[100], publicada pela consultoria Accenture, apenas 31% dos funcionários LGBTQIA+ falam abertamente sobre a sua orientação sexual afetiva ou identidade de gênero no ambiente de trabalho.

Também preocupa a informação de que 57% das quase 30 mil pessoas entrevistadas de várias empresas em todo o mundo disseram acreditar que a sua orientação sexual afetiva ou identidade de gênero reduzem as chances de elas crescerem na carreira.

Outro estudo, realizado pela consultoria PWC[101], mostrou que apenas 30% das mulheres lésbicas se sentem confortáveis em falar sobre sua orientação sexual afetiva no trabalho. Em geral, quanto mais sênior for a mulher, maior será a sua disponibilidade para falar sobre o assunto.

Durante as ações que realizamos em empresas, já entrevistei diversas mulheres lésbicas para entender como era o clima no ambiente de trabalho. Muitas contaram que não falam sobre o assunto por medo de serem prejudicadas na carreira.

"Mas você terá plano de saúde para a sua esposa!", eu argumento. A resposta que ouço é sempre parecida: é melhor perder esse benefício do que ser excluída e perder ainda mais oportunidades. "Já saio atrás por ser mulher. Ser uma mulher lésbica aumenta o preconceito", algumas dizem.

A falta de uma liderança diversificada, segundo o estudo Center for Talent Innovation[102], leva as mulheres a serem 20% menos propensas do que os homens heterossexuais de pele branca a obter endosso para suas ideias. Para as pessoas LGBTQIA+, é 21% menos provável. Podemos imaginar que a intersecção de gênero e orientação sexual afetiva possa aumentar esse percentual, não é?

A maioria das pessoas entrevistadas, 78%, diz trabalhar em empresas que carecem de diversidade bidimensional — termo que soma a diversidade inerente (características de nascença, como nacionalidade, idade, gênero, orientação sexual afetiva etc.) e adquirida (cultura, habilidade tecnológica, idiomas etc.).

A diversidade bidimensional, também chamada de 2D, desbloqueia a inovação e cria ambientes em que ideias "fora da caixa" são ouvidas. Posso falar por mim. Sei que não sou a fonte de todas as boas ideias. Por isso, busco estar sempre aberta para ouvir a minha equipe e tantas outras pessoas à minha volta. Diferentes talentos se complementam — esse é um dos únicos segredos garantidos para a inovação.

SUGESTÕES PARA IR ALÉM

- Livro: Este livro é gay: e hétero, e bi, e trans..., de Juno Dawson.
- Filmes:
  - "Orações para Bobby", história verídica de um jovem homossexual. Disponível em: https://www.youtube.com/watch?v=-ZHQXQkqL-o
  - "Com amor, Simon", dirigido por Greg Berlanti.
- Série: "Pose", produzido pela Netflix.

REFERÊNCIAS:

91. BONASSI, B. *Cisnorma: Acordos societários obre o sexo binário e cisgênero*, Universidade Federal de Santa Catarina, 2017.

92. FGV - A violência LGBTQIA+ no Brasil, 2020. Disponível em: https://www.fgv.br/mailing/2020/webinar/DIREITO/Nota_Tecnica_n.pdf

93. FRANÇA, I.; BAPTISTA, R. *A construção cultural da sexualidade brasileira.* Rev. Bras. Enfermagem, 2007.

94. DAWSON, J. *Este livro é gay.* Martins Fontes. São Paulo, 2015.

95. ILO - *Discrimination at work on the basis of sexual orientation and gender identity,* 2012. Disponível em: https://www.ilo.org/wcmsp5/groups/public/---dgreports/---gender/documents/briefingnote/wcms_368962.pdf

96. GOODMAN, J., SCHELL, J., ALEXANDER, M., EIDELMAN, S. *The impact of a derogatory remark on prejudice toward a gay male leader.* Journal of Applied Social Psychology, 2008.

97. SANTO CAOS - *Demitindo preconceitos - por que as empresas precisam sair do armário,* 2015. Disponível em: https://estudos.santocaos.com.br/demitindopreconceitos

98. CKZ DIVERSIDADE. Disponível em: https://www.youtube.com/watch?v=KgEW-3FHPgQ

99. CKZ DIVERSIDADE. Disponível em: https://www.youtube.com/watch?v=cTA_Q-MHTK0

100. ACCENTURE - *Getting to Equal 2020: Pride.* Disponível em: https://www.accenture.com/_acnmedia/PDF-128/Accenture-Ireland-Getting-to-Equal-Pride-2020.pdf

101. PWC. Disponível em: https://revistapegn.globo.com/Dia-a-dia/Gestao-de-Pessoas/noticia/2020/03/apenas-30-das-mulheres-lgbt-se-assumem-em-ambiente-de-trabalho-diz-pesquisa.html

102. CENTER FOR TALENT INNOVATION - *Innovation, Diversity and market growth,* 2013. Disponível em: https://www.talentinnovation.org/_private/assets/IDMG-ExecSummFINAL-CTI.pdf

CAPÍTULO 10:
AS PESSOAS COM DEFICIÊNCIA

Quais obstáculos sociais e organizacionais
esse grupo minorizado enfrenta

"Ah, coitadinha!", minha mãe dizia ao ver alguma pessoa com deficiência na rua. "A vida dela deve ser tão sofrida!" Outra frase que eu costumava ouvir quando nascia uma criança sem nenhuma deficiência física era: "Graças a Deus veio com saúde!".

Na geração dos meus pais, era comum a família evitar mostrar uma criança com deficiência para a sociedade. A pessoa com deficiência era sinônimo de vergonha. Tal sentimento é histórico. Na Grécia Antiga, bebês com deficiência — algo considerado um desfavor divino — eram abandonados[103].

Geração após geração, fomos criando a associação inconsciente de que pessoas com deficiência não são capazes, tampouco competentes. Na história não tão distante, já usamos termos como "inválidos", "incapacitados" ou "defeituosos", como se essas pessoas tivessem um defeito[104].

A partir dos anos 1990, começamos a usar a expressão "pessoas com deficiência". Essa é a recomendação da Convenção das Nações Unidas[105]. Talvez você já tenha ouvido outras expressões, como pessoa portadora de necessidade especial, portador de deficiência ou aleijado. Todas são incorretas e devem ser deixadas no passado.

As palavras têm força. O motivo de falarmos "pessoas com deficiência" é trazermos a pessoa em primeiro lugar. A deficiência vem na sequência, como uma condição. Assim, humanizamos nossa relação com uma parcela tão grande da sociedade.

Sempre que pensamos em uma deficiência, precisamos entender que essa condição pode se referir à perda total ou parcial de uma ou mais funções do seu corpo. Algumas pessoas nasceram com a deficiência; outras a adquiriram durante a vida.

As deficiências podem ser auditivas, físicas, intelectuais e visuais — ou múltiplas, quando há a associação de duas ou mais delas. Também consideramos as pessoas neurodiversas, que têm Transtorno do Espectro Autista (TEA), déficit de atenção ou habilidades (TDAH), entre outras[106].

Um dado que sempre impressiona é que 23,9% da população brasileira têm alguma deficiência. São mais de 45 milhões de pessoas que relataram ter algum grau de dificuldade para enxergar, ouvir, se movimentar ou algum tipo de deficiência intelectual, segundo o último Censo realizado em 2010[107].

Se considerarmos somente aqueles que têm grande ou total deficiência auditiva, visual ou física, junto com aqueles que declararam ter deficiência mental ou intelectual, estamos falando de 6,7% da população. Esse número equivale a mais de 12,5 milhões de brasileiros.

A homologação da Lei de Cotas para as empresas completou 30 anos em 2021[108]. Desde então, companhias com mais de cem funcionários precisam ter entre 2% e 5% de pessoas com deficiência. Dados recentes da Secretaria do Trabalho, porém, mostram que o percentual nunca passou de 1%[109].

Mesmo com o índice abaixo do exigido pela lei, o Brasil é um dos poucos países que garantem o acesso de pessoas com deficiências ao mercado de trabalho. Nossa constituição protege o direito de as pessoas com deficiência trabalharem — algo que não acontece em 82% dos outros países do mundo, segundo um levantamento da Universidade da Califórnia em Los Angeles de 2016[110].

A informação, porém, não é motivo para comemoração. Convido você a olhar para a sua empresa. Quantas pessoas com deficiência estão ao seu redor? Vamos pensar nos eventos corporativos. Quantos palestrantes têm algum tipo de deficiência? Quantos estão em cargos de gestão e liderança?

No Fórum de Diversidade e Inclusão da CKZ, contratamos uma pessoa autista para ser mestra de cerimônias há alguns anos. Perdi a conta de quantas vezes ouvi algum comentário com aquela entonação de surpresa ou pena.

Não é comum vermos pessoas com deficiência no universo corporativo. Por muitos anos, elas foram excluídas desse ambiente[111]. Não temos exemplos à nossa volta. Quem não convive com elas, desconhece seus potenciais.

Nosso cérebro prefere se afastar de tudo o que é diferente ou que não tem referência[112]. Se você nunca trabalhou com uma pessoa com deficiência, sugiro que você se pergunte se, inconscientemente, não sente que é mais seguro continuar trabalhando com pessoas sem deficiência.

Outro motivo para termos baixa representatividade no ambiente corporativo é a dificuldade que essas pessoas enfrentam para se locomover. Em todo o Brasil, apenas 4,7% das calçadas são acessíveis, segundo o IBGE. Mesmo São Paulo, uma grande metrópole que se preocupa com a mobilidade urbana, tem apenas 9% das calçadas acessíveis para pessoas com deficiências físicas[113].

Além das barreiras físicas, temos as barreiras de comunicação e de atitudes, que levam a comportamentos preconceituosos. Seja qual for a discriminação contra pessoas com deficiência, a ação tem nome: capacitismo. O termo também se refere ao excesso de cuidado com a pessoa com deficiência ou àquele pensamento de acreditar que ela é especial por estar superando a deficiência.

O preconceito também se estende às frases e expressões: "Você parece um retardado!"; "Você está surda?"; "Vamos ver se temos braço para fazer este trabalho"; "Desculpa de aleijado é muleta"; "Que mancada"; "Mais perdido que cego em tiroteio"; e tantas outras.

Perceba se você utiliza alguma dessas expressões. E, caso escute alguém dizendo uma dessas frases, explique que é uma fala preconceituosa. Se cada um de nós influenciar ao menos uma pessoa, já estaremos mais perto de ter um ambiente mais inclusivo.

Lembra o dado de que cerca de 1% das pessoas que trabalham nas empresas brasileiras tem alguma deficiência? Isso não significa que elas sejam incluídas. Infelizmente, solicitações como "quero um cego que enxergue um pouquinho" ainda são ditas por algumas empresas que buscam cumprir a Lei de Cotas.

Também observamos a falta de inclusão quando descobrimos que pessoas com deficiência passam 10, 15 anos na mesma vaga, executando a mesma tarefa, sem um plano de desenvolvimento individual. Para termos inclusão, precisamos sensibilizar a liderança e educar o time, para que as pessoas com deficiência se integrem à rotina de trabalho.

Aproveito para fazer uma breve introdução sobre como lidar com algumas das deficiências. Se a pessoa tiver limitação visual, ofereça o seu braço. Ela então pegará em seu ombro ou cotovelo. Esteja um passo à frente, ela acompanhará seu passo. Não esqueça de avisar sobre degraus e obstáculos. Em uma conversa, descreva o local, se identifique e, quando precisar ir embora, não esqueça de avisá-la.

Quando a pessoa tiver deficiência física, nunca use a cadeira de rodas para se apoiar, nem toque na bengala ou na muleta sem a permissão dela. Quando conversar, procure estar na mesma altura que a pessoa e, ao andar, mantenha a velocidade dela. Se a deficiência afetar a fala, tenha paciência e, caso não entenda algo, peça para ela repetir.

No caso de deficiências auditivas, saiba que a pessoa também pode ter aprendido a ler lábios ou se comunicar por libras. Você não precisa gritar e pode falar em um ritmo normal.

Quando a pessoa tiver deficiência intelectual, não infantilize a sua voz. Fale com seu tom normal. Para que o trabalho possa ser feito, é importante que ela entenda as informações — por isso, garanta que ela tenha compreendido as informações.

Se em algum momento você ficar em dúvida sobre como deve agir, pergunte. Sem medo ou vergonha. Imagine se fosse o contrário: você preferiria que alguém perguntasse como você gostaria de ser tratado ou preferiria saber que as pessoas estão sem jeito de lhe dirigir a palavra?

Cada pessoa com deficiência deve ser tratada de forma individual. Podemos dar recomendações de comunicação inclusiva[114], mas não há fórmulas que funcionem para todos e todas. O que funciona em todos os casos: quanto mais você conviver com pessoas com deficiência, mais rapidamente construirá novas associações mentais[115].

SUGESTÕES PARA IR ALÉM

- Série: "Atypical", produzido pela Netflix.
- Filmes:
  - "Como Estrelas na Terra", produzido pela Netflix.
  - "Janela da Alma", dirigido por João Jardim e Walter Carvalho. Disponível em: https://www.youtube.com/watch?v=_l9l7upG0Dl
  - "Milagre da Cela 7", produzido pela Netflix e dirigido por Mehmet Ada Öztekin.
- Livro: Vida sem limites, de Nick Vujicic, palestrante nascido sem pernas e braços devido à rara síndrome Tetra-amelia.
- Material para download: Guia de Comunicação Inclusiva e Acessível 2021 da Rede Empresarial de Inclusão Social (REIS). https://www.redeempresarialdeinclusao.com/noticias/lancamento-guia-de-comunicacao-inclusiva-e-acessivel-para-pessoas-com-deficiencia/

REFERÊNCIAS:

103. SULLIVAN, R. *Deformity: A modern Western with ancient origins.* Proceedings of the royal college of physicians of Edinburgh. 31: 262-266, 2001.

104. CRISTINA, E.; RESENDE J.. *Dificuldades da inclusão do deficiente físico no mercado de trabalho.* Revista Científica Eletrônica de Administração, 2006.

105. CONVENÇÃO SOBRE OS DIREITOS DAS PESSOAS COM DEFICIÊNCIA. Disponível em: http://www.pcdlegal.com.br/convencaoonu/wp-content/themes/convencaoonu/downloads/ONU_Cartilha.pdf

106. BRASIL. Decreto Nº 5.296 de 2 de dezembro de 2004. Disponível em: http://www.planalto.gov.br/ccivil_03/_Ato2004-2006/2004/Decreto/D5296.htm

107. IBGE - Censo Demográfico. Disponível em: https://biblioteca.ibge.gov.br/visualizacao/periodicos/94/cd_2010_religiao_deficiencia.pdf

108. LEI DE COTAS. Disponível em: https://agenciabrasil.ebc.com.br/direitos-humanos/noticia/2021-07/lei-de-cotas-para-pessoas-com-deficiencia-completa-30-anos

109. AGÊNCIA BRASIL. Disponível em: https://agenciabrasil.ebc.com.br/geral/noticia/2019-07/lei-de-cotas-para-deficientes-completa-hoje-28-anos#:~:text=No%20entanto%2C%20segundo%20dados%20da,(IBDD)%2C%20Teresa%20Amaral

110. O GLOBO - *Pessoas com deficiência não têm direitos garantidos em 76% dos países.* Disponível em: https://glo.bo/3FbtKCY

111. SILVA, L. *O estranhamento causado pela deficiência: preconceito e experiência.* Revista Brasileira de Educação, 2006.

112. MLODINOW, L. Livro *Subliminar: como o inconsciente influencia nossas vidas,* São Paulo: Editora Zahar, 2014.

113. EL BRASIL - *Os 45 milhões de brasileiros com deficiência física são os novos párias.* Disponível em: https://brasil.elpais.com/brasil/2019/05/08/opinion/1557340319_165119.html

114. REIS - *Rede Empresarial de Inclusão - Guia de Comunicação Inclusiva 2021.* Disponível em: https://www.redeempresarialdeinclusao.com/noticias/lancamento-guia-de-comunicacao-inclusiva-e-acessivel-para-pessoas-com-deficiencia/#:~:text=Guia%20de%20Comunicac%CC%A7a%CC%83o%20Inclusiva%20e%20Acessi%CC%-81vel%202021

115. VENOSA, A. *Prejudice in the brain - How evolutionarily valuable brain processes have turned problematic,* 2015. Disponível em: https://www.redeempresarialdeinclusao.com/noticias/lancamento-guia-de-comunicacao-inclusiva-e-acessivel-para-pessoas-com-deficiencia/

CAPÍTULO 11:
A INTERSECCIONALIDADE

Por que uma pessoa sofre mais ao se enquadrar em mais de uma categoria estereotipada

O entendimento sobre as nossas diferenças não termina após compreendermos que mulheres e homens recebem tratamentos diferentes, ou que pessoas brancas e negras não têm as mesmas oportunidades.

Basta pensarmos em uma mulher negra e lésbica, que poderá ser discriminada por fazer parte de três categorias estereotipadas: gênero, raça e orientação sexual afetiva. Também podemos considerar o exemplo de um homem branco, periférico e cadeirante. Nesse caso, teremos as intersecções de gênero, classe social e deficiência.

Essa sobreposição de identidades sociais tende a aumentar a discriminação e o viés inconsciente, gerando ainda mais desigualdade nas empresas. Se a pessoa faz parte de mais de uma caixinha da diversidade, mais preconceito sentirá. Por isso, mesmo após tratarmos de alguns dos grupos minorizados nos capítulos anteriores, precisamos ir além.

Kimberlé Williams Crenshaw[116], uma das principais estudiosas da teoria crítica da raça, foi a primeira a chamar a atenção para os efeitos da interseccionalidade. Ela também foi a primeira a usar o termo "interseccionalidade", em 1989. De acordo com a pesquisadora, mulheres negras sofrem isolamento e uma dupla ou até tripla discriminação, que é a combinação de práticas discriminatórias de raça, etnia, gênero e classe social.

Não é possível tratar gênero de forma única, pois existem interseções com as modalidades raciais, étnicas, sexuais, classistas e regionais[117]. Um exemplo claro é que o tratamento para uma pessoa nordestina não é igual ao tratamento para uma pessoa do sudeste. Ou é?

A pesquisa Women in the Workplace[118], publicada em 2020 e já citada no capítulo 7, mostra essa análise na prática: as mulheres negras recebem menos apoio de seus gerentes, são promovidas mais lentamente e têm menos acesso aos cargos de liderança sênior do que as mulheres brancas. Em uma escala comparativa de representatividade, em primeiro lugar estão os homens brancos, seguidos pelas mulheres brancas, homens negros e mulheres negras, que ocupam o último lugar.

Outro estudo[119] analisou a opressão sentida por terapeutas LGBTQIA+, negras e negros. As pesquisadoras concluem que pessoas com três ou mais identidades estereotipadas não se sentem pertencentes em lugar nenhum e em nenhum grupo. Isso nos leva a entender que, mesmo incluindo pessoas LGBTQIA+, podemos excluí-las por outros atributos.

Utilizando o Teste de Associação Implícita na categoria sexual, outro estudo[120] buscou entender o impacto na interseccionalidade de gênero e orientação sexual afetiva. Quando as pessoas eram percebidas como gays ou lésbicas, tinham uma avaliação mais negativa do que as pessoas percebidas como heterossexuais.

Se pessoas diversas já têm baixa representatividade no nível de entrada, aquelas que fazem parte de dois ou mais grupos estereotipados têm ainda menos chance de avançarem na carreira. E não é por falta de competência, mas, sim, por conta dos diversos vieses inconscientes que levam outras pessoas a discriminarem um homem negro homossexual, por exemplo.

Toda essa questão da interseccionalidade pode facilmente passar despercebida, mesmo em empresas que trabalham a diversidade e a inclusão. Na verdade, justamente por já terem uma estratégia para abordar o tema, as empresas podem acreditar que todos os subtemas são automaticamente abordados.

Caso a interseccionalidade não seja tratada logo no início dos projetos de diversidade, um número considerável de pessoas permanecerá com baixo engajamento e pouca ou nenhuma voz ativa. Perdem os dois lados, pois a empresa também deixará de reter pessoas talentosas por não se atentar à interseccionalidade.

> ## SUGESTÕES PARA IR ALÉM
>
> - Filme: "Hoje eu quero voltar sozinho", dirigido por Daniel Ribeiro e vencedor do Teddy Award: Melhor Filme.
> - Livro: Interseccionalidade, de Carla Akotirene, pesquisadora sobre mulheres, gênero e feminismo.

REFERÊNCIAS:

116. CRENSHAW, K. *Demarginalizing the Intersection of Race and Sex: A Black Feminist Critique of Antidiscrimination Doctrine, Feminist Theory and Antiracist Politics*. University of Chicago Legal Forum, 1989.

117. BUTLER, J. *Problemas de gênero – Feminismo e Subversão da Identidade*. Rio de Janeiro: Editora Civilização Brasileiras, 2019.

118. MCKINSEY - *Women in the Workplace 2020*. Disponível em: https://www.mckinsey.com/featured-insights/diversity-and-inclusion/women-in-the-workplace

119. NABORS, N.; HALL, R.; MIVILLE, M. *Multiple Minority Group Oppression: Divided We Stand?* Journal of the Gay and Lesbian Medical Association, 2001.

120. NICOLAS, G.; SKINNER, A. *"That's So Gay!" Priming the General Negative Usage of the Word Gay Increases Implicit Anti-Gay Bias*. The Journal of Social Psychology, 2012.

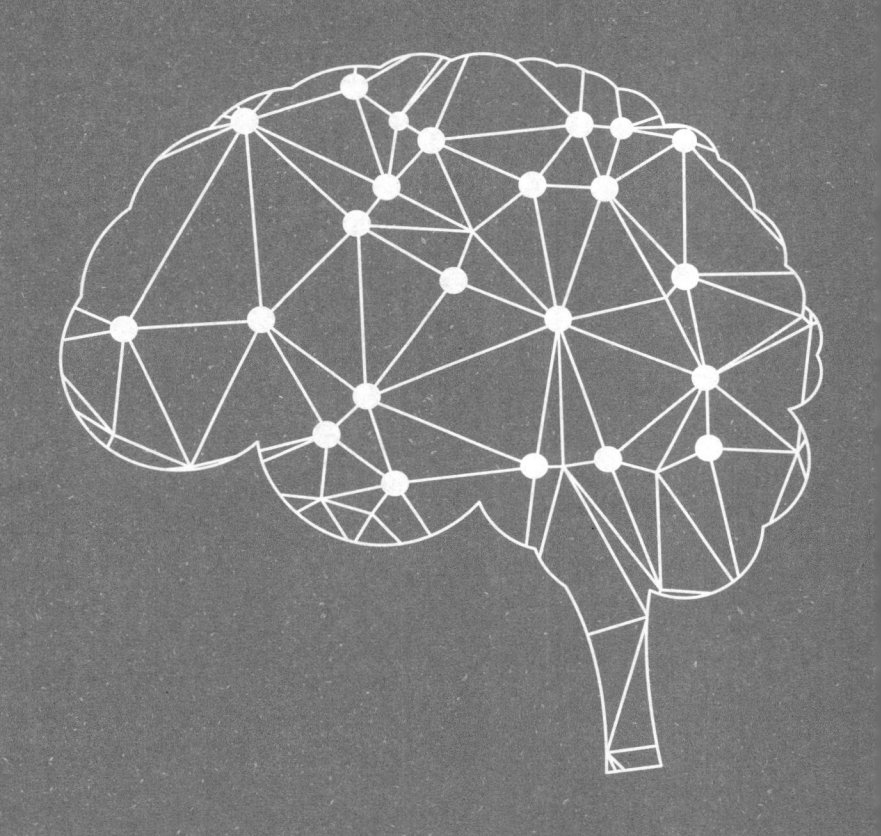

PARTE 2:
APROFUNDAR

CAPÍTULO 12:
O CÉREBRO INCONSCIENTE

Por que somos seres emocionais e não racionais, como preferimos acreditar

Antes de nos aprofundarmos em cada um dos vieses inconscientes, gostaria de contar o que acontece com o nosso cérebro a todo instante, inclusive agora enquanto você lê estas palavras. O cérebro é um conjunto de vários órgãos que funcionam interligados[121]. Precisamos falar sobre dois sistemas que trabalham juntos, mas são muito diferentes: o inconsciente e o consciente[122].

O sistema inconsciente é rápido, automático, impulsivo, intuitivo e emocional. Já o sistema consciente é devagar, racional, lógico, reflexivo e estruturado[123]. Um exemplo prático seria você imaginar que está assistindo a um filme de terror, quando de repente ouve um barulho na cozinha. O sistema inconsciente avisa que deve ser um ladrão. Em seguida, o consciente analisa e informa: é apenas um barulho.

Nosso desafio é prestar atenção à atuação desses dois sistemas durante o nosso dia a dia. Não é fácil. Estudos da neurociência apontam que cerca de 10% da nossa tomada de decisão está no nível consciente[124]; os outros 90% estão no sistema inconsciente.

Esses números mostram por que é tão difícil detectarmos nossos vieses inconscientes[125] — e por que precisamos entender o cérebro inconsciente antes de falarmos sobre viés de afinidade, viés de percepção e tantos outros tipos de vieses.

Já vivi incontáveis situações de "ir com a cara da pessoa" de imediato — ou não gostar de alguém logo na primeira impressão[126]. Você também já deve ter encontrado uma pessoa pela primeira vez e, ao cumprimentá-la, pensar que "não foi com a cara dela".

Mas vamos aos fatos: você não conhece absolutamente nada sobre essa pessoa. Como poderia não ir com a cara dela? Isso acontece porque provavelmente ela tem a aparência física, a voz, o sotaque, o nome ou usa o perfume de alguém com quem você não teve uma boa experiência pessoal ou profissional.

Quando conhecemos alguém, formamos uma primeira impressão positiva ou negativa, de acordo com as "marcas" emocionais guardadas — ainda que não possamos nos lembrar conscientemente de nenhum detalhe sobre ela[127]. A maneira como nos sentimos condiciona nossa percepção. Esses vieses afetam nossa conduta de forma involuntária[128].

Lembro uma vez em que eu fazia um diagnóstico cultural em uma empresa e entrevistei várias pessoas da diretoria. Em um determinado momento, me falaram que o Emerson* viria conversar comigo. Senti um aperto no coração, uma sensação de medo.

O simples fato de ouvir aquele nome já levou meu cérebro inconsciente a fazer uma associação com um ex-chefe de mesmo nome, transferindo a experiência negativa que eu tivera com ele para o Emerson que eu não conhecia ainda[129]. Precisei dizer a mim mesma: "Cristina, não é o mesmo Emerson". Por ter esse entendimento antes da interação com o novo Emerson, foi uma das melhores entrevistas daquele projeto.

Como comentei, nem sempre a associação é negativa. Certa vez, contratei um homem especialista em equidade de gênero para dar palestras em um cliente comigo. Quando nos encontramos pela primeira vez, meu inconsciente logo me disse para confiar nele. Era uma voz interior que dizia "confie nele, ele é uma pessoa do bem". Mas eu não sabia dizer o motivo.

Depois de três dias juntos, finalmente entendi a origem daquela empatia instantânea. Estávamos no aeroporto fazendo *check-in* para voltar a São Paulo quando percebi que a voz dele era igual à do meu ex-cunhado. Como adoro meu ex-cunhado, instintivamente e inconscientemente gostei daquela pessoa também.

Muitas vezes acreditamos que é a nossa intuição que diz se gostamos ou não de uma pessoa. Mas essa intuição é apenas o nosso cérebro inconsciente — também chamado de intuitivo, automático, impulsivo, subconsciente ou emocional — reagindo, julgando e simplificando as informações[130].

O sistema inconsciente é uma grande máquina de associações mentais. Quando vemos uma pessoa, um gatilho mental faz uma varredura

---

* Nome fictício, para preservar a identidade do meu ex-chefe.

nas imagens mentais que armazenamos no cérebro e busca associações com as pessoas que já passaram pela nossa vida. E, quando o cérebro detecta uma similaridade, ele transfere a experiência, como se a pessoa à sua frente fosse a mesma com quem você já teve a experiência, emitindo um alerta positivo ou negativo[131].

"Ah! Mas nunca deixei de contratar uma pessoa só porque ela se parece com alguém com quem tive uma experiência negativa", você pode pensar. Garanto que isso já aconteceu. Talvez não com um ex-chefe ou uma ex-chefe, mas com alguém que lembrava um relacionamento anterior, um familiar... E você vai continuar não contratando essa pessoa — a não ser que se conscientize sobre o seu inconsciente.

O cérebro inconsciente é um reconhecedor de padrões. Ele escaneia o ambiente para descobrir rapidamente se está em um ambiente seguro ou ameaçador[132]. Se o ambiente é ameaçador, ele prepara você para lutar ou fugir[133]. Esse comportamento começou na pré-história, quando estávamos na savana e precisávamos olhar para um animal à nossa frente e saber rapidamente se ele nos atacaria ou se estávamos em segurança.

Assim, quando vemos algo ou alguém com quem tivemos uma relação considerada perigosa, o sistema inconsciente aciona o modo ameaça, antes mesmo que possamos raciocinar. Isso também pode acontecer quando não temos uma referência ou uma experiência com a pessoa, mas sim crenças, estereótipos ou preconceitos com o grupo ao qual ela faz parte[134].

Imagine a sua reação ao ouvir que o RH trará uma pessoa com deficiência ou uma pessoa trans para a sua área. Caso você nunca tenha tido essa experiência, a princípio pode rejeitar a ideia. Nosso cérebro não quer sair da zona de conforto. Por isso temos tanta dificuldade em trabalhar com pessoas diferentes.

Nosso cérebro sempre verifica quais são as informações guardadas. É como se cada pessoa tivesse a mochila, onde vão sendo armazenadas as memórias de longo prazo, recheadas de pressupostos, crenças, estereótipos e preconceitos. Tudo isso está no inconsciente — o sistema instintivo, de sobrevivência —, que reconhece padrões, cria associações mentais e constrói memórias emocionais[135].

É um sistema complexo. O cérebro sempre foi considerado o órgão correspondente à racionalidade, ao pensamento e à cognição. Mas, na verdade, o sistema emocional recebe os estímulos sensoriais pela visão, pela audição, pelo tato e pelo olfato, antes mesmo do sistema consciente.

O consciente e o inconsciente trabalham juntos[136]. Mas, como vimos, os dois têm formas muito diferentes de trabalhar. Gosto de pensar que cada um deles é como um computador — só que um é bem antigo, o outro é uma máquina moderna.

O sistema inconsciente é o mais antigo, porém ele é o responsável por enviar as informações para o sistema consciente tomar as decisões. Além disso, o cérebro é o órgão que mais consome energia. Para gastar menos energia, ele permanece no piloto automático, simplificando e classificando automaticamente pessoas, coisas e eventos. Em milésimos de segundo, compara a pessoa que está à sua frente com as imagens mentais armazenadas no inconsciente[137].

Já o sistema consciente é moderníssimo. Ele é o sistema lógico e estruturado, que nos faz refletir, pensar e avaliar as vantagens e as desvantagens, os prós e os contras das nossas decisões. Ele também é o nosso freio. Mas, como é mais devagar, não consegue captar as milhares de informações e pensamentos que o inconsciente envia a cada segundo, captando apenas uma pequena fração de todas essas informações[138].

Diferentemente do que muitas pessoas imaginam, o grande protagonista do nosso cérebro é o sistema inconsciente. Nossas decisões não são racionais. Nossas decisões são emocionais, inconscientes e automáticas[139].

Não podemos ser racionais o tempo todo — ou não conseguiríamos sobreviver. Por esse motivo, temos os atalhos mentais, também conhecidos como esquemas mentais, que nos fazem enxergar de acordo com nossas crenças e estereótipos. Sair desses esquemas mentais é importantíssimo para aumentar a diversidade, a inclusão e os processos de inovação.

A neurociência já sabe que somos seres sociais e emocionais[140]. Decidimos com a emoção e justificamos com a razão. Agimos com base no passado, nas experiências vividas, nos conteúdos e nas lembranças emocionais que formam as nossas preferências e determinam como vemos o mundo.

Subestimamos o poder do cérebro inconsciente. Mas basta fazermos um exercício simples para entender como será desafiador ter ambientes de trabalho mais diversos e inclusivos se não aprendermos a olhar para o inconsciente.

Qual é a primeira imagem que vem à nossa mente quando pensamos em uma pessoa com o cargo de presidente de sucesso de uma grande multinacional? Como essa pessoa se veste? Como ela se sente? Como é o seu entorno?

É fácil imaginar um homem branco confiante, trabalhando em um escritório. Ele veste um terno refinado, exibe um belo relógio no pulso e dirige um carro potente. Quantas pessoas imaginariam uma mulher? E uma mulher negra? E uma pessoa com deficiência? Acredito que apenas aquelas que já estão treinando o cérebro inconsciente.

Isso acontece porque nossas decisões são tomadas com base em um procedimento mental simples conhecido como heurística, que são atalhos baseados na probabilidade, similaridade e representatividade de algo a acontecer[141]. Provavelmente você já viu mais homens brancos ocupando cargos de liderança — logo, essa é a informação que fica armazenada na sua memória.

O sistema inconsciente acredita e confirma que determinados cargos devem ser ocupados pelas pessoas que você mais associa. As heurísticas simplificam a tomada de decisão para aliviar a carga cognitiva, mas aumentam a chance de erro.

Ao ver uma mulher branca ou negra, um homem negro, uma pessoa com deficiência ou uma pessoa trans, seu cérebro tem dificuldade em dar *match* com essa informação. Os estereótipos construídos ao longo da nossa vida profissional reforçam essas informações.

Homens brancos também podem ser impactados por nosso inconsciente. Imagine que você está selecionando uma pessoa para a vaga de gerente, ocupada por muitos anos pelo Antônio, um homem branco e alto de 42 anos. Durante uma entrevista, quem está à sua frente é o João, um homem branco e baixo de 30 anos. Ele tem todas as competências para o cargo. O seu sistema inconsciente, porém, pode enviar a seguinte informação: o João é muito diferente do Antônio; ele não se encaixa nessa vaga.

A decisão foi emocional. Mas agora o seu sistema racional buscará uma justificativa para as informações enviadas pelo inconsciente[142]. "O João não deve ser tão competente assim!", você pode pensar. E continuará buscando outra pessoa, até encontrar alguma pessoa parecida com o Antônio. Nada disso é consciente. Por isso é tão difícil acreditar que somos influenciados por vieses escondidos em nosso cérebro.

Entretanto o inconsciente não pede autorização para ficar captando informações. Enquanto estamos em uma reunião, por exemplo, nosso inconsciente interpreta as palavras, identifica cores e objetos e reconhece as expressões faciais das pessoas. Ele está sempre alerta para detectar qualquer ameaça.

O objetivo do inconsciente é construir uma imagem que seja a mais próxima possível da realidade[143]. Antes de enviar um relatório para o consciente, o inconsciente analisa a aparência, o sotaque, a etnia e até mesmo a maneira como a pessoa se veste[144]. E ainda passa todas as informações armazenadas na nossa memória e coletadas pelo filtro de nossas crenças, estereótipos e preconceitos[145].

Somos o que somos pelo nosso conteúdo, lembranças e memórias[146]. O hipocampo, que faz parte do sistema límbico, é crucial na armazenagem das memórias e é importante na construção das nossas crenças e valores[147].

Nosso inconsciente não tira folga. Ele trabalha até mesmo enquanto você está no supermercado comprando um vinho e, sem perceber, escolhe um rótulo espanhol só porque estava tocando uma música espanhola ao fundo. Se a música fosse italiana, você estaria 80% mais propenso a levar um vinho italiano[148].

Se o inconsciente interfere até mesmo em nossas decisões no supermercado, fica difícil imaginar que ele esteja quietinho enquanto você conduz uma reunião, entrevista alguém ou escreve um e-mail, não é mesmo?

SUGESTÕES PARA IR ALÉM

- Livros:
  - Rápido e devagar: duas formas de pensar, de Daniel Kahneman, teórico de economia comportamental.
  - Subliminar: como o inconsciente influencia nossas vidas, de Leonard Mlodinow, físico e colunista do The New York Times.

REFERÊNCIAS:

121. HOPKINS MEDICINE - *Brain Anatomy and How the Brain Works*. Disponível em: https://www.hopkinsmedicine.org/health/conditions-and-diseases/anatomy-of-the-brain

122. DEECKE, L. *There Are Conscious and Unconscious Agendas in the Brain and Both Are Important—Our Will Can Be Conscious as Well as Unconscious*. Brain Science, 2012.

123. KAHNEMAN, D. *Rápido e devagar: duas formas de pensar,* São Paulo: Editora Objetiva, 2011.

124. MLODINOW, L. *Subliminar: como o inconsciente influencia nossas vidas,* São Paulo: Editora Zahar, 2014.

125. HENNEMAN, T. *You, biased? No, it's your brain.* Workforce. Disponível em: https://www.workforce.com/2014/02/09/you-biased-no-its-your-brain

126. DAMÁSIO, A. *O erro de Descartes. Emoção, razão e o cérebro humano.* São Paulo: Companhia das Letras, 2012.

127. VENOSA, A. *Prejudice in the brain - How evolutionarily valuable brain processes have turned problematic,* 2015.

128. TODOROV, A. BARON, S.; OOSTERHOFE, N. *Evaluating face trustworthiness: a model based approach.* Social Cognitive and Affective Neuroscience, 2008.

129. TODOROV, A.; SAID, C.; ENGELL, A.; OOSTERHOF, N. *Understanding evaluation of faces on social dimensions.* Trends Cognitive Science, 2008.

130. TOPOLINSKI, S.; STRACK, F. *The analysis of intuition: processing fluency and affect in judgements of semantic coherence.* Cognition and Emotion, 2009.

131. MOREWEDGE, C.; KAHNEMAN, D. *Associative Processes in Intuitive Judgment.* Trends in Cognitive Sciences, 2010.

132. ROSS, H. *Exploring unconscious bias.* Diversity Best Practices, 2008.

133. MCCARTY, R. *Stress: Concepts, Cognition, Emotion, and Behavior: The Fight-or--Flight Response,* 2016.

134. MLODINOW, L. *Subliminar: como o inconsciente influencia nossas vidas,* São Paulo: Editora Zahar, 2014.

135. KAHNEMAN, D. *Rápido e devagar: duas formas de pensar,* São Paulo: Editora Objetiva, 2011.

136. STANOVICH, K.; WEST, R. *Individual differences in reasoning: Implications for the rationality debate?* Behavioral and Brain Sciences, 2000.

137. ZIMMERMANN, M. The *Nervous System in the Context of Information Theory.* Human Physiology, 1989.

138. KAHNEMAN, D. *Attention and Effort*, 1973.

139. MLODINOW, L. *Subliminar: como o inconsciente influencia nossas vidas*, São Paulo: Editora Zahar, 2014.

140. BARRAZA, J., ZAK, P. *Empathy toward strangers triggers oxytocin release and subsequent generosity.* Annals of the New York Academy of Sciences, 2009.

141. TVERSKY, A., & KAHNEMAN, D. *Extensional versus intuitive reasoning: the conjunction fallacy in probability judgment.* Psychological Review, 1983.

142. MLODINOW, L. *Subliminar: como o inconsciente influencia nossas vidas*, São Paulo: Editora Zahar, 2014.

143. KAHNEMAN, D. *Rápido e devagar: duas formas de pensar.* São Paulo: Editora Objetiva, 2011.

144. MLODINOW, L. *Subliminar: como o inconsciente influencia nossas vidas*. São Paulo: Editora Zahar, 2014.

145. MLODINOW, L. *Subliminar: como o inconsciente influencia nossas vidas*. São Paulo: Editora Zahar, 2014.

146. MÜNSTERBERG, H. *On the Witness Stand: Essays on Psychology and Crime,* 2009.

147. DAMÁSIO, A. *O erro de Descartes. Emoção, razão e o cérebro humano.* São Paulo: Companhia das Letras, 2012.

148. MLODINOW, L. *Subliminar: como o inconsciente influencia nossas vidas*, São Paulo: Editora Zahar, 2014.

CAPÍTULO 13:
OS VIESES INCONSCIENTES

Como nossas crenças, estereótipos e preconceitos
barram a carreira de algumas pessoas

Se você chegou até aqui, é porque ainda acredita que pode ter algum (ou alguns) viés inconsciente. Muitas pessoas desistem do assunto logo nas primeiras páginas, por acreditarem que não têm crenças, estereótipos ou preconceitos escondidos.

Lembro quando terminei de escrever os primeiros capítulos deste livro e entreguei para algumas pessoas lerem e avaliarem. "Que interessante", uma delas me disse. "Mas que bom que eu não tenho viés inconsciente!" E você deve imaginar que essas poucas pessoas escolhidas a dedo acompanhavam o meu trabalho há anos. Ainda assim, algumas delas não enxergavam seus vieses inconscientes.

Sei como é difícil perceber nossos próprios vieses inconscientes. Existe um termo para expressar isso: viés de ponto cego (ou *blind spot*, em inglês)[149]. É muito mais fácil identificarmos quando alguém está sendo preconceituoso ou estereotipando outra pessoa do que perceber essa atitude em nós mesmos.

Achamos feio ter viés. Por um lado, acreditamos que somos pessoas éticas e tomadoras de decisões imparciais — só selecionamos profissionais de forma justa e racional. Por outro, julgamos que as outras pessoas têm preconceitos e estereótipos, mas nós não.

Uma pesquisa recente do Instituto Locomotiva ilustra essa contradição. Para 84% das pessoas entrevistadas, existe racismo no Brasil[150]. No entanto apenas 4% delas se consideram racistas. Concorda que os números não batem?

O estudo "A mulher executiva e suas relações de trabalho"[151] também já indicava o viés de ponto cego. Durante as entrevistas, as pesquisadoras notaram que os homens entrevistados deixavam claro que eles não discriminam as mulheres, mas que a organização, sim, discriminava. É a mesma distorção: a empresa é preconceituosa, mas eu não! E quem faz a empresa?

Esse é um grande perigo. Se não percebemos nossos preconceitos e estereótipos inconscientes, como vamos mudar? É difícil a pessoa mudar sozinha. Quando alguém me pede ajuda, costumo sugerir que a pessoa peça para alguém da empresa ou da família avisar quando ela estiver estereotipando ou sendo preconceituosa. Mas precisamos estar com a mente aberta para escutar de verdade esses possíveis "preconceitos escondidos".

Esses estereótipos e preconceitos levam a dois tipos de vieses[152]: os explícitos, que refletem uma crença consciente sobre um determinado grupo de pessoas; e os inconscientes, que ocorrem de maneira não intencional, influenciados por pressuposições sobre um grupo.

É importante diferenciar que o viés explícito é intencional e leva à discriminação direta[153]. Vemos esse tipo de viés quando ouvimos alguém dizer que "não gosta de trabalhar com mulheres, pessoas obesas ou pessoas negras", por exemplo. Essa pessoa fará de tudo para não levá-las para o ambiente corporativo.

Já o viés implícito, por ser um processo inconsciente, gera uma grande desigualdade sem que percebamos. Se você ainda não fez o Teste de Associação Implícita de Harvard, fica aqui mais um convite (o *link* está no final do capítulo 1). Como falei antes, esse é um processo inconsciente e profundo que também pode estar presente em pessoas que apoiam e valorizam a diversidade e a inclusão.

É por isso que, sempre que mostro a foto da Ursula Burns e pergunto qual é o seu cargo, ninguém adivinha. Ela é uma mulher negra de 60 anos. As pessoas costumam chutar que ela é professora, enfermeira ou trabalha em uma ONG. Mas Ursula foi presidente da Xerox e a primeira mulher negra a chefiar uma das 500 maiores empresas do mundo.

Algumas reflexões nos mostram por que ninguém considera que ela seja uma executiva bem-sucedida. Com quantas pessoas negras você estudou na escola? E na faculdade? Quantas mulheres negras você conhece em posição de liderança no Brasil? Por isso não fazemos essa associação de forma imediata.

Como vimos no capítulo anterior, nosso cérebro lida com milhares de informações por segundo. Ele procura padrões que considera mais importantes e cria atalhos para reconhecê-los. É como um piloto automático. No entanto esses atalhos têm uma desvantagem: eles são tendenciosos e não costumam associar mulheres negras ou pessoas de grupos minorizados em posições de liderança[154].

As experiências que já vivemos influenciam nossas crenças, estereótipos e preconceitos que, por sua vez, dão origem aos vieses inconscientes. Nos próximos capítulos, detalharei como funcionam os oito principais tipos de viés inconsciente. Desconfio que você acabará se identificando com um ou mais.

SUGESTÕES PARA IR ALÉM

- Livros:
  - Blindspot: Hidden Biases of Good People, de Mahzarin R. Banaji e Anthony G. Greenwald (sem tradução para o português).
  - Your Brain at Work, Revised and Updated: Strategies for Overcoming Distraction, Regaining Focus, and Working Smarter All Day Long, de David Rock (sem tradução para o português).

REFERÊNCIAS:

149. BANAJI, M.; GREENWALD, A. *BLINDSPOT: Hidden Biases of Good People.* NY: Bantam Books, 2013.

150. INSTITUTO LOCOMOTIVA – *RACISMO.* Disponível em: https://exame.com/negocios/no-brasil-84-percebe-racismo-mas-apenas-4-se-considera-preconceituoso/

151. BETIOL, M.; TONELLI, M. J. *A mulher executiva e suas relações de trabalho.* RAE - Revista de Administração de Empresas, v. 31, n. 4, p. 25-27, 1991.

152. PAYNE, K.; VULETICH, H. *Policy Insights From Advances in Implicit Bias Research*, SAGE Journal, 2017.

153. GOLBECKA, A.; ASHB, M.; GRAYC, M.; GUMPERTZD M.; JEWELLE, N.; KETTENRINGF, J.; SINGERG, J., GELH, Y. *A conversation about implicit bias*. Statistical Journal of the IAOS, 2016.

154. MLODINOW, L. *Subliminar: como o inconsciente influencia nossas vidas*. São Paulo: Editora Zahar, 2014.

CAPÍTULO 14:
O VIÉS DE AFINIDADE

Por que temos a tendência de contratar
pessoas parecidas conosco

Vamos imaginar a seguinte cena: você está entrevistando uma pessoa que se candidatou a uma vaga na sua empresa. Logo no início da conversa, você comenta que viu no currículo que ela se formou na FGV. Você também se formou lá — e no mesmo ano!

Essa coincidência deixa o ambiente mais descontraído. Vocês conversam sobre ex-professores e ex-professoras e encontram mais algumas conexões na vida pessoal. A pessoa entrevistada está um pouco nervosa, mas você sorri, o que a encoraja a aliviar a tensão. A entrevista termina e você pensa: "Adorei essa pessoa!".

No dia seguinte, você entrevista outra pessoa que se candidatou à mesma vaga. Ela estudou na USP. Você não conhece ninguém que tenha estudado na USP. Ela também aparenta estar nervosa, mas, sem nem perceber, você sorri menos. A conversa foi mais técnica e formal. Vocês não entraram em nenhum assunto pessoal.

Se você já liderou um processo de seleção, sabe que essa não é uma cena de ficção. Esse é o que chamamos de viés de afinidade — um dos que mais impactam a diversidade nas empresas. Quando sentimos afinidade com alguém, temos a sensação de que ela se encaixa melhor na vaga. Inconscientemente, acabamos favorecendo essa pessoa.

Esse favoritismo acontece porque temos uma forte tendência em selecionar, promover e avaliar melhor as pessoas com as quais sentimos uma conexão baseada em características e experiências similares[155]. Favorecemos aquelas que se parecem conosco, seja em aparência, gênero, etnia ou nacionalidade, e também aquelas que estudaram na mesma faculdade, têm o mesmo *hobby*, moram na nossa cidade natal, têm a mesma religião, valores, crenças...

VIÉS INCONSCIENTE

A professora da Kellog School of Management, Lauren Rivera, publicou um estudo em 2012 que mostrava como as pessoas são mais propensas a serem contratadas devido a semelhanças com quem as entrevista[156]. Três anos depois, a pesquisa deu origem ao livro *Pedigree: How elite students get elite jobs* (em tradução livre, seria "Pedigree: como alunos de elite conseguem empregos de elite").

Lauren mostra de que forma as pessoas recrutadoras de bancos de investimentos, consultorias financeiras e escritórios de advocacia selecionam não apenas candidatos e candidatas com alta competência, mas também aquelas pessoas culturalmente parecidas com quem já trabalha na empresa, seja por experiências de vida, estilos de apresentação, busca por atividades de lazer, entre outros aspectos culturais.

Esse fato fica ainda mais evidente em uma matéria do jornal New York Times, publicada em 2018, que mostra que há mais CEOs com nome John entre a lista das 500 maiores empresas dos Estados Unidos do que o total de mulheres CEOs entre essas mesmas empresas[157].

Esse viés também pode ser chamado de viés de similaridade. No artigo "Beyond bias: How to shift ingrained thinking" (em tradução livre, "Além do viés: como mudar o pensamento enraizado")[158], a dupla de pesquisadores Heidi Grant-Halvorson e David Rock mostra que pessoas que têm similaridade conosco são consideradas melhores que as outras.

Heidi e David apontam as duas formas mais comuns do viés de similaridade: preferências dentro e fora do grupo. Criamos uma percepção mais positiva das pessoas que são semelhantes ao nosso grupo, confiando mais nelas. Já aquelas que são diferentes recebem uma percepção negativa e inspiram menos confiança.

A influência do viés de afinidade continua mesmo depois de a pessoa ser contratada. Os estudos mostram que a probabilidade de receber avaliações melhores, promoções e maiores orçamentos para os seus projetos é mais alta para quem tem mais afinidade com o grupo[159].

Assim como tudo o que você já leu neste livro, o importante é ganharmos consciência sobre esse viés. Lembro quando fiz um treinamento da CKZ e a diretora de RH me ligou para contar sobre o resultado de um processo seletivo. Depois de entrevistar duas pessoas igualmente competentes, ela percebeu uma afinidade maior com uma delas. O que ela fez? Esforçou-se para contratar a outra.

Claro que seria mais fácil trabalhar com alguém igual a ela. Mas essa pessoa não a tiraria da zona de conforto, não questionaria suas ideias e não pensaria em novas soluções. Essa decisão só aconteceu porque ela estava mais consciente sobre os vieses inconscientes.

O viés de afinidade é particularmente prejudicial para pessoas de grupos minorizados, como mulheres, pessoas negras, LGBTQIA+ e pessoas com deficiência. Essas pessoas são geralmente deixadas de lado nos processos de recrutamento e entrevistas, já que pouco ou nada têm em comum com pessoas em cargos de gestão ou liderança[160].

Esse é um dos motivos pelo qual a maioria da liderança ainda é formada por homens brancos. Inconscientemente, um homem branco tem mais chance de contratar outro homem branco. Por isso, sempre que os homens brancos me perguntam como podem ajudar a ter mais diversidade e inclusão nas empresas, minha resposta é: "Use o viés de afinidade a favor da diversidade".

Entenda que não é uma questão de ser o culpado pela falta de diversidade na empresa. Mas, após entender sobre os vieses inconscientes, você, que é um homem branco, tem um papel fundamental para engajar outros homens. Sabe por quê? É muito mais fácil você influenciar outros homens brancos do que eu. Temos uma tendência em escutar as pessoas semelhantes a nós[161].

Claro que o convite se estende a todas as pessoas. Apesar das nossas melhores intenções, temos uma resistência profunda por escolher pessoas que são diferentes de nós. Isso acontecia comigo antes de saber sobre todas essas informações e pode estar acontecendo com você.

Olhe ao seu redor e veja como está a diversidade entre as pessoas que respondem diretamente para você. Agora olhe para a sua área em geral. Elas são parecidas com você? A próxima contratação poderia ser diferente?

REFERÊNCIAS:

155. HALVORSON, H. G.; ROCK, D. *Beyond Bias: How to Shift Ingrained Thinking*. Rotman Management, 2016.

156. RIVERA, L. *Hiring as Cultural Matching: The Case of Elite Professional Service Firms.* American Sociological Review, 2012.

157. THE NEW YORK TIMES, 2015. Disponível em: https://www.nytimes.com/2015/03/03/upshot/fewer-women-run-big-companies-than-men-named--john.html

158. HALVORSON, H. G.; ROCK, D. *Beyond Bias: How to Shift Ingrained Thinking.* Rotman Management, 2016.

159. HALVORSON, H. G.; ROCK, D. *Beyond Bias: How to Shift Ingrained Thinking.* Rotman Management, 2016.

160. BANAJI, M.; BAZERMAN, M.; CHUGH, D. *When Good People (Seem to) Negotiate in Bad Faith. Here's a way out of mistrust and into mutual agreement.* Disponível em: https://sites.fas.harvard.edu/~mrbworks/articles/2005_Neg.pdf

161. BANDURA, A. *Social-learning theory of identificatory processes. Handbook of socialization theory and research,* 1969.

CAPÍTULO 15:
O VIÉS DE COMPORTAMENTO

Por que as pessoas ainda se espelham
em um estilo padrão de liderança

Inconscientemente, criamos um padrão de comportamento para cada grupo de pessoas. Se essas pessoas não agirem conforme o esperado, iremos julgá-las. Afinal, não gostamos quando as pessoas fogem do padrão estabelecido.

Esperamos que mulheres sejam gentis e cuidadoras. Já os homens devem ser assertivos e líderes. Se uma mulher demonstrar características de assertividade e liderança, nossa tendência será percebê-la como agressiva — e não como assertiva. Esse julgamento acontece tanto com a mulher branca, como com outras pessoas de grupos minorizados.

Entretanto, se um homem demonstrar essas mesmas características, nós o aplaudimos. Um estudo da dupla de pesquisadores Madeline Heilman e Tyler Okimoto[162] mostrou que mulheres líderes são mais propensas a serem descritas como mandonas e agressivas, embora essas palavras quase nunca sejam usadas para descrever os homens.

Madeline é professora de psicologia da New York University e especialista no impacto dos vieses inconscientes na carreira das mulheres. Segundo ela, as mulheres são penalizadas por demonstrarem características que são mais frequentemente associadas aos homens — assim, caem no desgosto da liderança e demais pessoas do time, podendo refletir nos *feedbacks* que recebem.

Estudos trazem resultados parecidos com esse há décadas. Outra dupla de pesquisadores, Kathryn Bartol e Anthony Butterfield[163], já apontava que gerentes mulheres que exibem um estilo de liderança tipicamente masculino geram menos entusiasmo e produzem menos satisfação entre colaboradores e colaboradoras.

Em praticamente todos os treinamentos que já fiz, escuto relatos de mulheres que discordam de *feedbacks* que já receberam por serem mandonas e agressivas. Muitas vezes elas adaptaram sua personalidade para serem aceitas em uma posição de liderança. Isso porque cargos mais altos costumam exigir comportamentos considerados masculinos.

Durante os processos de *coaching* feminino ou mentoria feminina, já ouvi relatos de mulheres engenheiras, por exemplo, que ficam incumbidas de fazer a ata da reunião ou de solicitar o cafezinho. Muitas vezes, elas são a única mulher no time de engenharia. Quando se recusam a fazer esse trabalho, ainda muito associado às mulheres, são taxadas de pouco colaborativas.

Outras mulheres contam que já ouviram, entre as sugestões da avaliação de desempenho, que deveriam falar menos, perguntar menos, se posicionar menos. Do ponto de vista das mulheres, porém, a pergunta é uma forma de gerar engajamento e colaboração, além de dar espaço para novas ideias. Já os homens têm a tendência de considerar as perguntas um sinal de dúvida e falta de confiança das mulheres.

Infelizmente, nosso inconsciente coletivo não espera que pessoas de grupos minorizados, como mulheres, pessoas negras, pessoas LGBTQIA+ ou pessoas com deficiência, sejam competentes e se sobressaiam em suas carreiras. Ainda que tenham desenvoltura em cargos de entrada nas empresas, o sucesso pode ser prejudicado porque a competência gera desaprovação. Elas saíram do padrão esperado.

Homens gays que conseguem esconder a sexualidade, por exemplo, conseguem alcançar cargos de gestão e liderança mais facilmente. Mesmo assim, eles sofrem, pois muitas vezes precisam criar um "personagem hétero", além de conviverem em silêncio com piadas homofóbicas. Por outro lado, se um homem gay tem características mais afeminadas, sua ascensão será mais difícil.

Além disso, diversas pesquisas apontam que pessoas com sobrepeso e obesas enfrentam desafios no ambiente corporativo e correm um risco significativamente maior de preconceito institucional. Nesse caso, a discriminação acontece por conta das associações com comportamentos como preguiça, lentidão, falta de esforço e baixa inteligência[164].

O viés de comportamento também fica muito evidente quando olhamos para as diferenças de gênero (vou detalhar esse tema no capítulo 25). Mas podemos estendê-lo para o comportamento que esperamos de outros grupos de pessoas e como isso impede o avanço para cargos de gestão e de alta liderança.

A inteligência está em unir o que cada pessoa tem de melhor, entendendo e valorizando as diferenças. É preciso um esforço de consciência para compreender que as diferenças são, na verdade, pontos fortes. Afinal, como trazer inovação para as empresas quando todas as pessoas são iguais?

REFERÊNCIAS:

162. HEILMAN, M.; OKIMOTO, T. *Why are women penalized for success at male tasks? The implied communality deficit.* Journal of Applied Psychology, 2007.

163. BARTOL, K.; BUTTERFIELD, D. *Sex effects in evaluating leaders.* Journal of Applied Psychology, 1976.

164. DIEDRICHS, P.; PUHL, R. *Weight Bias: Prejudice and Discrimination toward Overweight and Obese People*, Prejudice in Specific Domains, 2016.

CAPÍTULO 16:
O VIÉS DE DESEMPENHO

Qual é a diferença entre contratar
por potencial futuro e por talento passado

Em 1989, a orquestra sinfônica de Chicago decidiu fazer um processo de recrutamento às cegas. Musicistas se apresentaram atrás de uma cortina escura. Será que dessa forma os vieses inconscientes das pessoas que estavam avaliando seriam reduzidos?

O motivo do experimento era aumentar a participação de mulheres na orquestra — na época, elas representavam apenas 5%. Nos primeiros testes, pouquíssimas mulheres foram selecionadas. As pessoas responsáveis pelo estudo logo perceberam que o barulho do salto alto dos calçados femininos no tablado de madeira já ativava os vieses de gênero.

A equipe repetiu o teste. Dessa vez, todas as pessoas entraram descalças. O resultado foi instantâneo: o número de mulheres da orquestra subiu para 25%[165]. Hoje, elas já representam mais de 50%. Como comparativo, a orquestra sinfônica de Viena, que seleciona musicistas por indicação, tem 125 integrantes — desses, são 120 homens e apenas cinco mulheres.

Na mesma época, em 1999, uma pesquisa conduzida por Rhea Steinpreis, Katie Anders e Dawn Ritzke mostrou que alterar o nome feminino para um masculino nos currículos aumentava a chance de contratação em 60%[166].

Essa preferência inconsciente por homens é reflexo do viés de desempenho. Temos uma tendência, tanto homens como mulheres, em acreditar que homens brancos são potenciais talentos, ao mesmo tempo em que subestimamos o trabalho de mulheres, e de pessoas de grupos minorizados. Por isso é tão comum ouvirmos pessoas desses grupos dizendo frases como "preciso estar sempre provando que sou competente".

Um estudo publicado em 2014 pelas pesquisadoras Joan Williams e Rachel Dempsey mostrou que, na hora da contratação, o que é levado em conta como diferencial para as mulheres são suas conquistas anteriores[167]. Já os homens são contratados com base no seu potencial para o futuro, pois já é assumido que eles têm as habilidades necessárias para cargos de gestão e de liderança.

O que dá origem a esse viés é vermos mais homens brancos em cargos de gestão e de liderança. Se não vemos mulheres, pessoas negras, com deficiência ou LGBTQIA+, inconscientemente imaginamos que aquele não é o lugar delas.

Essa associação dos homens aos cargos de gestão e liderança é tão forte que um estudo mundial recebeu o nome de fenômeno global "Pense em um gerente, pense em um homem" (do inglês, "Think manager, think male")[168], apontando que existe um modelo mental, tanto em homens como em mulheres, que associa que a melhor pessoa para liderar é do gênero masculino e, preferencialmente, branca.

Ao naturalizarmos uma maioria de homens brancos na alta liderança, passamos a acreditar que eles desempenham melhor que as pessoas dos grupos minorizados. Os experimentos nas orquestras dos Estados Unidos e na alteração do gênero do nome nos currículos, porém, indicam que não estamos diante de uma avaliação imparcial de desempenho.

Um estudo realizado na Universidade de Maastricht, na Holanda, analisou cerca de 20 mil avaliações de alunos sobre o desempenho de professores e professoras[169]. A conclusão foi que as professoras recebiam, em média, uma avaliação 37% mais baixa que a dos professores. Um ponto que chamou a atenção foi um viés mais acentuado em relação às mulheres dos cursos de matemática (lembra que a área de STEM — sigla para ciências, tecnologia, engenharia e matemática — atrai mais homens?).

Outro estudo realizado pelo Instituto de Tecnologia de Massachusetts (MIT) e pela Universidade de Chicago apontou o impacto dos vieses inconscientes para as pessoas negras[170]. Os pesquisadores encaminharam cinco mil currículos para mais de mil empresas com vagas de empregos abertas — dois currículos apresentavam nomes de pessoas "tipicamente" brancas e dois currículos tinham nomes de pessoas "tipicamente" negras. As pessoas com nomes "tipicamente" brancos receberam 50% mais retornos do que as outras. No entanto a qualificação profissional de todas era a mesma.

Um terceiro estudo, desta vez realizado por um escritório de advocacia dos Estados Unidos, mostrou que as avaliações de desempenho que levavam à promoção de advogados e advogadas tinham um sutil padrão de viés de gênero[171]. Supervisores do gênero masculino haviam avaliado melhor os homens advogados, qualificando-os com mais competência técnica do que as mulheres advogadas. Elas, por sua vez, foram mais bem qualificadas apenas no quesito de relação interpessoal.

O viés de desempenho resulta em menos oportunidades para pessoas dos grupos minorizados e piores avaliações de desempenho — elas são mais criticadas por seus erros e menos parabenizadas por seus acertos do que os homens. A combinação dessa ênfase nos erros mina a confiança delas e causa um grande impacto negativo na carreira dessas pessoas.

Por consequência, desencadeia a síndrome da impostora ou do impostor. Apesar de ser mais associada às mulheres, o termo utilizado para descrever as pessoas que não acreditam que estão preparadas, que não são boas o suficiente ou não se sentem merecedoras de sucesso pode estar relacionado a todas as pessoas, inclusive homens brancos. No entanto pesquisas mostram que a síndrome acomete mais mulheres e demais grupos minorizados.

Não importa o nível alcançado ou quaisquer provas de suas competências, essas pessoas permanecem convencidas de que não merecem o sucesso alcançado e que são uma fraude. As provas de sucesso são consideradas simples sorte. Elas sentem que estão enganando as outras pessoas, fazendo-as acreditar que são mais inteligentes do que são na realidade[172].

Mulheres e pessoas de grupos minorizados também têm mais dificuldade em praticar a autopromoção. É esperado que elas sejam mais humildes e demonstrem menos autoconfiança[173]. Quando praticam a autopromoção, acreditam ser um ato de vaidade — algo que deveria ser reprimido. Na verdade, porém, esse é apenas o resultado de um bom desempenho, independentemente de viés.

REFERÊNCIAS:

165. GOLDIN, C., ROUSE, C. *Orchestrating Impartiality: The Impact of "Blind" Auditions on Female Musicians.* The American Economic Review, 2000.

166. STEINPREIS, R.; ANDERS, K.; RITZKE, D. *The Impact of Gender on the Review of Curricula Vitae of Job Applicants and Tenure Candidates: A National Empirical Study.* Sex Roles, 1999.

167. WILLIAMS, J.; DEMPSEY, R. *What Works for Women at Work: Four Patterns Working Women Need to Know.* New York. NYU Press, 2014.

168. SCHEIN, V., MUELLER, R., LITUCHY, T. e LIU, J. *Think Manager-Think Male: A Global Phenomenon?* Journal of Organizational Behavior, 1996.

169. FAN, Y.; SHEPHERD, L.; SLAVICH, E.; WATERS, D.; STONE, M.; ABEL, R.; JOHNSTON, E. *Gender and cultural bias in student evaluations: Why representation matters.* Journey Plos ONE, 2019.

170. ROSS, H. (2008). *Exploring unconscious bias.* Diversity Best Practices, 2019.

171. BIERNAT, M.; TOCCI, M.; WILLIAMS, J. *The Language of Performance Evaluations: Gender-Based Shifts in Content and Consistency of Judgment.* Social Psychological and Personality Science, 2012.

172. YOUNG, V. *Os pensamentos secretos das mulheres de sucesso.* São Paulo: Saraiva, 2012.

173. EAGLY, A., KARAU, S. *Role congruity theory of prejudice toward female leaders.* Psychological Review, 2002.

CAPÍTULO 17:
O VIÉS DE PERCEPÇÃO

Por que reforçamos estereótipos sem
nenhum dado concreto que os comprove

Imagine uma pessoa que trabalha em uma das maiores empresas de tecnologia do mundo e tem mais de 120 patentes registradas. Qual imagem que veio à sua mente?

Quando faço esse exercício no início dos treinamentos, 90% das pessoas dizem ser um homem branco ou amarelo, heterossexual, com mais de 50 anos de idade. Mas imagino que você, depois de já ter lido bastante sobre os nossos vieses inconscientes, não caia mais nessa "pegadinha".

Estamos falando de Lisa Seacat DeLuca, engenheira de *software* da IBM. Ela é mãe de gêmeos e tem 30 e poucos anos. Lisa gosta de programar códigos e mexer com eletrônicos — um vídeo mostra a executiva mexendo em um Raspberry Pi, uma plaquinha de computador que cabe na palma da mão (e pessoas consideradas gênias ou *nerds* adoram).

Mas, quando imaginamos uma pessoa muito inteligente e genial, geralmente imaginamos um homem. Esse estereótipo está ligado ao viés de percepção, que representa a nossa tendência de reforçar estereótipos sem ter um dado concreto que o comprove.

Como já falamos, as áreas de STEM (sigla em inglês para ciências, tecnologia, engenharia e matemática) são dominadas por homens brancos e amarelos. O estereótipo de que esse perfil de pessoas se encaixa melhor em funções ligadas às ciências exatas faz com que mulheres e pessoas de grupos minorizados tenham menos motivação e identificação para estudar e trabalhar nessas áreas[174].

Quando mulheres, pessoas negras, LGBTQIA+ ou com deficiência decidem investir nessa profissão, por exemplo, muitas vezes não são contratadas, pois parecem não caber nesses departamentos.

VIÉS INCONSCIENTE

Precisamos lembrar que esse é apenas um viés inconsciente, sem bases concretas. Um estudo liderado por Corinne Moss-Racusin e publicado em 2012 mostrou o resultado da avaliação de dois currículos que concorriam a uma vaga de gerente de laboratório na Universidade de Yale[175].

Os dois currículos eram exatamente iguais. Apenas os nomes eram diferentes: John e Jennifer. Após passarem pela avaliação de 127 professores e professoras, os resultados mostraram uma recomendação menor para a contratação de Jennifer. A aluna se saiu pior no quesito competência e recebeu ofertas salariais mais baixas.

Esse mesmo experimento foi feito com o currículo de pessoas que se candidataram a uma vaga de pós-doutorado em áreas de STEM nos Estados Unidos. Nesse caso, oito currículos idênticos foram avaliados por professores e professoras de biologia e física.

Além da diferença de gênero, os nomes dos currículos sugeriam a origem da pessoa: asiática, negra, latina ou branca. Após classificarem os currículos por competência, contratação e simpatia, o corpo docente demonstrou preferência por candidatos homens asiáticos e brancos. As mulheres se saíram melhor apenas no quesito simpatia.

Um estudo conduzido por Christine Starr e publicado em 2018 mostrou dois fatores que podem influenciar negativamente a escolha das mulheres para essas áreas[176]. A primeira é o estereótipo baseado em gênero, que associa as áreas de STEM aos homens; e a segunda é baseada no estereótipo das características das pessoas dessa área, que está associada a gênios e *nerds* — e as mulheres raramente são estereotipadas como gênias.

No entanto o que se percebe é que o interesse por matemática e ciências é o mesmo entre meninos e meninas quando são jovens. A divisão fica nítida à medida que crescem: homens passam a ter mais interesse do que as mulheres.

Esse contraste foi percebido há mais de três décadas por três pesquisadoras da Universidade de Wisconsin, nos Estados Unidos[177]. Janet Hyde, Elizabeth Hennema e Susan Lamon analisaram cem estudos sobre diferenças de gênero na *performance* em matemática.

A conclusão, publicada em 1990, mostrou que as meninas eram ligeiramente melhores em matemática durante o ensino fundamental. No entanto o jogo virava a partir do ensino médio e da faculdade, quando os meninos começavam a superar as meninas nessa mesma matéria.

Isso acontece devido à baixa representação das mulheres nas áreas de STEM. Conforme as meninas crescem, elas são socialmente levadas a acreditar que não podem obter sucesso em ciências, matemática, tecnologia e engenharia. Isso leva as mulheres a duvidarem de suas habilidades quando entram em cursos superiores, um resultado da falta de representatividade e da síndrome da impostora que falamos no capítulo anterior.

Outro estudo das pesquisadoras Nilanjana Dasgupta e Jane Stout, publicado em 2014, também apontou essas barreiras para meninas e mulheres nas áreas de STEM[178]. Segundo elas, as expectativas dos pais sobre suas filhas também afastam as meninas dessas áreas. E as barreiras seguem aumentando na idade adulta, pois faltam exemplos femininos nessas áreas.

Grande parte desses estudos se refere a gênero, que inclusive foi o objeto de estudo da minha dissertação de mestrado. Mas há diversas pesquisas mostrando essas mesmas conclusões associadas às pessoas de todos os grupos minorizados. Mesmo não sendo intencional, esses estereótipos impedem o progresso dessas pessoas na carreira.

O viés de percepção é muito relacionado às áreas de STEM, mas abrange qualquer outra característica que reforce estereótipos sem base concreta em fatos. Até mesmo a estatura pode reforçar esse viés.

O livro *Blink — a decisão num piscar de olhos*, escrito pelo jornalista Malcolm Gladwell, apresenta um estudo curioso que indica que 58% dos homens CEOs das 500 maiores empresas dos Estados Unidos têm mais de um metro e oitenta de altura. No entanto apenas 14,5% da população masculina dos Estados Unidos têm essa altura[179].

Outro estereótipo que prejudica a carreira de diversas pessoas é o viés de idade, também chamado de etarismo (do inglês, *ageism*). Os estereótipos negativos de idade se aplicam tanto para uma pessoa jovem, que é associada à baixa capacidade pela pouca idade, como para pessoas mais velhas, em média a partir dos 50 anos, que são associadas a declínio, baixa competência e baixa sociabilidade[180].

As ciências exatas, no entanto, roubam a cena no viés inconsciente de percepção. Pouco tempo atrás, fiz uma reunião com um diretor de recursos humanos. Estávamos conversando sobre o conteúdo de um material que mostrava o estereótipo de que homens são melhores do que as mulheres em ciências exatas[181]. "E não são?", ele me indagou. "Onde estão as pesquisas que mostram isso?"

Apresentei diversas pesquisas nesse capítulo. Se um diretor de recursos humanos ainda acredita que homens são melhores em exatas, como ele contratará uma mulher para um cargo nessa área? Conversas como essa evidenciam por que é tão importante entendermos nossos vieses inconscientes. Esse não é um assunto teórico. É prática acontecendo todos os dias.

REFERÊNCIAS:

174. REUBEN, E.; SAPIENZA, P.; ZINGALES, L.; *How Stereotypes impair Women's Careers in Science.* Proceedings of the National Academy of Sciences of the United States of America, 2014.

175. MOSS-RACUSIN, C.; DOVIDIO, J.; BRESCOLL, V.; GRAHAM, M.; HANDELSMAN, J. *Science faculty's subtle gender biases favor male students.* Proceedings of the National Academy of Sciences of the United States of America, 2012.

176. STARR, C. *"I'm Not a Science Nerd!": STEM Stereotypes, Identity, and Motivation Among Undergraduate Women.* Psychology of Women Quarterly, 2018.

177. HYDE, J.; FENNEMA, E.; LAMON, S. *Gender Differences in Mathematics Performance: a Meta-Analysis.* Psychol Bull, 1990.

178. DASGUPTA, N., STOUT, J. *Girls and Women in Science, Technology, Engineering, and Mathematics: STEMing the Tide and Broadening Participation in STEM Careers.* Policy Insights from the Behavioral and Brain Sciences, 2014.

179. PHILLIPS. K. *How Diversity Makes Us Smarter - Being around people who are different from us makes us more creative, more diligent and harder-working*, 2014.

180. TODD, N. *Ageism: Stereotyping and Prejudice Against Older Persons.*

181. GANLEY, C. *Are Boys Better Than Girls at Math?*, Scientific American, 2018.

CAPÍTULO 18:
O VIÉS CONFIRMATÓRIO

O que acontece se questionamos nossas crenças,
em vez de apenas confirmá-las

Enquanto o viés de percepção reflete a nossa tendência em reforçar nossos estereótipos, o viés confirmatório faz com que nosso inconsciente busque favorecer as informações que confirmam as nossas crenças. Ou seja, enxergamos apenas o que queremos ver e ignoramos tudo o que não coincide com nossas crenças[182].

Todos os dias nos deparamos com vários exemplos de viés confirmatório. Digamos que você teve uma relação ruim trabalhando com um chefe espanhol. Quando aparecer outra oportunidade de trabalhar com uma pessoa dessa nacionalidade, você inconscientemente resgatará as más recordações do chefe espanhol — e acreditará que trabalhar com pessoas da Espanha sempre será ruim.

Esse viés está sempre baseado em crenças que geram pressupostos. Você teve uma única experiência negativa com uma pessoa trans ou com uma pessoa com deficiência e agora estende essa aparente verdade para todas as pessoas desse grupo. Mas pense o seguinte: quantas experiências negativas você já teve trabalhando com pessoas heterossexuais?

Quando fazemos um julgamento sobre uma pessoa, de forma inconsciente buscamos evidências que possam comprovar nossas crenças. Não fazemos isso porque somos pessoas más — realmente queremos acreditar que estamos agindo coerentemente e que nossa avaliação sobre a outra pessoa está correta.

Agindo assim, porém, muitas vezes tomamos decisões no lugar da própria pessoa. Um exemplo comum são as vagas de emprego que requerem viagens de carro. "Melhor não contratar uma mulher", alguém pode pensar. "Imagina se ela pega a estrada à noite e acontece algo enquanto estiver sozinha". Alguém perguntou se ela se interessava pela vaga?

Outra crença que aparece muito em processos seletivos diz respeito ao endereço exibido no currículo. "Ah! Essa pessoa mora muito longe, vai ter que pegar dois ônibus", algumas pessoas pensam. E assim decidem pela pessoa e deixam, mesmo que inconscientemente, de dar uma oportunidade para alguém.

Citei esse exemplo em uma palestra um tempo atrás e uma mulher negra levantou a mão. "Eu morava a duas horas da empresa", ela disse. "Ainda bem que ninguém pressupôs que eu não poderia trabalhar aqui por causa disso. Hoje sou diretora".

Também já ouvi pessoas dizendo que não dá para expatriar uma mulher. A crença reforça que o marido, sem nem saber se a pessoa tem uma relação hetero ou homoafetiva, não mudará de país. Como o nome desse viés sugere, estamos sempre buscando confirmar alguma crença sobre um determinado grupo ou pessoa.

As crenças religiosas são outro desafio nas empresas, geralmente mais associadas às pessoas LGBTQIA+. Como já vimos, várias pessoas aprenderam desde a infância que ser gay ou lésbica é uma escolha e é errado, inclusive eu. Quando estou conversando com alguém que pensa dessa forma, costumo fazer a seguinte pergunta: você lembra o dia em que optou por ser heterossexual?

A orientação sexual afetiva e a identidade de gênero não são uma escolha. Elas já nascem dentro da pessoa. Por conta dessas crenças, é importante citar pesquisas científicas, como a realizada pelo Instituto de Neurociência dos Países Baixos, que explica que a identidade de gênero e a orientação sexual afetiva são programadas no cérebro, quando a pessoa ainda está no útero[183].

Mas a crença de que é uma escolha — e uma escolha errada — ainda é muito forte. E essa crença faz com que algumas lideranças prefiram não contratar pessoas desse grupo.

Já dei várias palestras e treinamentos em que alguém levantou a mão para comentar que "está escrito que é errado ser gay ou lésbica". Também sei de casos de pessoas que viram uma guia de umbanda no pescoço de alguém e desistiram da contratação. A crença religiosa daquela pessoa diz que isso é errado, mas estamos falando de respeito.

Em relação às religiões, prefiro acreditar que as pessoas aprendem que é importante respeitar e amar ao próximo como a si mesmas. E é fundamental respeitarmos a diversidade religiosa e cultural, se quisermos verdadeiramente ter mais diversidade e inclusão nas empresas.

Lembro o caso de um diretor de uma empresa que ouviu uma denúncia de assédio moral feita por uma pessoa trans. O diretor já havia me confidenciado em uma entrevista que achava errado uma pessoa ser transgênero. Você acha que ele se posicionou a favor da pessoa transgênero ou da pessoa heterossexual que havia feito o assédio? Por isso é tão importante termos conscientização, inclusão e respeito — e não apenas trazer a diversidade.

Há várias razões para esse tipo de comportamento acontecer nas empresas. Mas uma delas está ligada ao viés confirmatório. Descartamos qualquer informação que discorde de nossas crenças e do nosso ponto de vista. Queremos a todo custo confirmar nossas crenças, inclusive recordamos mais das coisas que coincidem com elas[184].

É por isso que quando uma pessoa apresenta uma evidência que não coincide com as nossas crenças, simplesmente ignoramos. Chega a gerar uma dissonância cognitiva, um desconforto[185]. Afinal, estão questionando a minha construção de identidade.

Como todos os outros vieses, precisamos fazer um esforço para começar a escutar mais o nosso sistema consciente[186]. Somente assim podemos desconstruir esse padrão de pensamento. Afinal, se deixarmos todas as decisões apenas para o nosso inconsciente, será muito difícil termos um ambiente diverso e inclusivo.

REFERÊNCIAS:

182. HALVORSON, H. G.; ROCK, D. *Beyond Bias: How to Shift Ingrained Thinking*. Rotman Management, 2016.

183. SWAAB, D; GARCIA-FALGUERAS, A. *Sexual Differentiation of the Human Brain in Relation to Gender Identity and Sexual Orientation*. Functional Neurology, 2009.

184. NICKERSON, R. *Confirmation Bias: A Ubiquitous Phenomenon in Many Guises*. Research Article, 1998.

185. TREMBLAY, V.; SCHROEDER E.; TREMBLAY, C. *Handbook of Behavioral Industrial Organization*.

186. BANAJI, M.; GREENWALD, A. *BLINDSPOT: Hidden Biases of Good People*. New York: Bantam Books, 2013.

CAPÍTULO 19:
O VIÉS DE MATERNIDADE

Como mostrar que maternidade e paternidade
não são falta de comprometimento

Esse é um dos vieses inconscientes mais comuns e destrutivos para a carreira das mulheres. Quem é mãe provavelmente já ouviu essa pergunta: "Onde você vai deixar seu filho ou sua filha durante o trabalho?". Mas agora eu pergunto: essa pergunta é feita para homens? Por que essa ainda é uma pergunta feita para mulheres?

Um estudo da Organização Internacional do Trabalho publicado em 2019 mostrou que o viés de maternidade impacta negativamente a carreira das mulheres[187]. Além de receberem salários mais baixos por conta da licença, elas têm avaliações de desempenho piores, o que impacta em uma promoção futura.

Inconscientemente, várias pessoas supõem que mães não poderão mais se dedicar ao trabalho ou não irão aceitar uma tarefa mais desafiadora, simplesmente porque agora têm um bebê.

Esse pressuposto é comum entre homens e entre mulheres. Lembro-me de quando uma gerente de recursos humanos disse que preferia não contratar uma candidata de 28 anos: "Logo ela vai engravidar". Era uma mulher falando para mim, que também sou mãe e mulher.

Comportamentos como esse mostram que existe uma penalidade para mulheres que são mães — e até mesmo para as que nem pensam em engravidar, mas estão se aproximando da idade que a sociedade imagina que elas terão filhos.

Uma pesquisa feita pela dupla de pesquisadores da FGV, Cecilia Machado e Valdemar Pinho, mostrou que 48% das mulheres que saem de licença-maternidade perdem o emprego um ano após o início do benefício[188]. O percentual é ainda maior entre mulheres com escolaridade mais baixa, que tendem a ser percebidas como descartáveis.

E pior: esse viés caracteriza as mulheres mães como menos competentes ou menos comprometidas com o trabalho. Por outro lado, homens que se tornam pais são considerados ainda mais responsáveis e envolvidos com o trabalho[189].

Um relatório de 2016 publicado pela Associação Americana de Mulheres Universitárias mostrou que, além de serem qualificados como mais comprometidos, homens que são pais tinham mais dias de descanso e ganhavam um salário maior do que homens que não são pais[190]. Enquanto isso, mulheres que não têm filhos têm mais chances de serem contratadas do que mulheres que são mães.

"Mas as mulheres ficam muito tempo longe e geram um custo muito alto para as empresas!", algumas pessoas argumentam. As pesquisadoras Regina Madalozzo e Adriana Carvalho investigaram esse pressuposto. Após avaliarem os dados do Relatório Anual das Informações Sociais (RAIS) de 2017, elas calcularam o tempo médio que funcionários e funcionárias ficaram afastados da empresa[191].

Homens ficaram afastados, em média, 13,5 dias por ano; as mulheres, 16 dias. Esses dados são importantes para desconstruirmos a crença de que apenas as mulheres se afastam do trabalho, pois a diferença no afastamento anual da mulher sequer é tão significativa assim.

Se, por um lado, as mulheres se afastam por licença-maternidade, por outro os homens se afastam por acidentes dentro e fora do trabalho e por questões de saúde. Convém lembrar que um afastamento por acidente ou saúde é imediato — não há tempo para estruturar e redirecionar o trabalho feito até então por aquela pessoa.

Um estudo feito em 2015 por Gustavo Andrey Fernandes confirma que a maternidade gera um impacto negativo na carreira das mulheres negras e brancas[192]. Mas ele vai além: o casamento é outro fator que contribui para diminuir a presença das mulheres no mercado de trabalho.

Você deve conhecer histórias como essa: depois de o marido e a esposa conversarem muito, eles decidiram que ela largasse a carreira e o acompanhasse na expatriação; ou ficasse em casa para cuidar dos filhos. Muitas vezes a decisão é consequência do salário menor da mulher, que, por sua vez, é uma consequência de vários vieses inconscientes que já falamos aqui.

Além disso, o homem ainda está muito associado ao papel de provedor. E se eu contar a você que 40% dos lares brasileiros são chefiados por mulheres, sendo que 34% dessas casas têm a presença de um cônjuge? Esse dado, apresentado em 2015 no Retrato de Desigualdades de Gênero e Raça, desconstrói grande parte da narrativa do homem provedor[193].

Antigamente, a tradicional família brasileira era baseada nesse modelo patriarcal, no qual o homem era o único provedor. O cenário está mudando, com muitas mulheres no mercado de trabalho e homens que compartilham as tarefas domésticas e o cuidado com as crianças.

A estrutura familiar tradicional também não é a única. Alguns exemplos de outras estruturas são as famílias monoparentais, quando apenas a mãe ou o pai é responsável pelo lar e pelos filhos; as recasadas, que se formam com a união de filhos de diferentes casamentos; e as uniões homoafetivas, que em muitos casos optam pela adoção de crianças.

Essa diversidade está transformando a sociedade e exigindo um novo posicionamento das empresas em relação às práticas de *home office*, horários mais flexíveis, aumento do tempo da licença-paternidade e inclusão da licença para aqueles que decidem adotar uma criança.

Quando olhamos para os países que estão no topo do *ranking* de equidade de gênero do Relatório Fórum Econômico Mundial de 2021[194] — Islândia, Finlândia e Noruega —, vemos que todos têm uma característica em comum: a licença parental, que é composta pelas licenças da mãe e do pai.

O Brasil aparece na 93ª posição do *ranking* — apenas para comparação, em 2014, ocupávamos a 71ª posição e, em 2017, o 90º lugar. Estamos na contramão do avanço.

Líder do *ranking* há 12 anos consecutivos, a história na Islândia começou a mudar no dia 24 de outubro de 1975, quando 90% das mulheres fizeram uma greve geral. Elas se recusaram a trabalhar, cozinhar, limpar e até mesmo cuidar das crianças. Era um apelo para que os homens as respeitassem e para que elas ganhassem os mesmos salários que eles.

Por lá, a licença parental é para o casal — são nove meses de licença, sendo os três primeiros para a mãe, os próximos três para o pai e outros três meses para serem compartilhados como o casal desejar.

O objetivo é estimular uma participação mais ativa dos homens no cuidado com os filhos. E um dado interessante: desde 2018, a Islândia se tornou o primeiro país do mundo a tornar ilegal a diferença salarial entre homens e mulheres.

Para reduzirmos o viés de maternidade e a desigualdade de gênero no mercado de trabalho, é fundamental evoluirmos para a licença parental no Brasil. Somente assim as mulheres deixarão de ser um "risco" para as empresas por conta da licença-maternidade. E deixarão de ser associadas inconscientemente como as únicas responsáveis pela criação das crianças e pelos cuidados da casa.

Por aqui, algumas empresas, como Diageo, Twitter, Natura e Grupo Boticário, já estão aderindo à chamada licença parental estendida. Elas agora garantem entre quatro e seis meses de licença para homens heterossexuais e homossexuais — em vez dos cinco dias garantidos pela Constituição Federal de mais de 30 anos atrás.

É um primeiro passo muito importante. Mas ainda temos um desafio à frente: fazer com que os futuros pais aceitem o benefício. Afinal, assim como a licença-maternidade, a licença-paternidade também está associada com a falta de comprometimento com o trabalho.

Por esse motivo, o exemplo das pessoas em posição de gestão de liderança é tão importante. Somente assim outros pais entenderão que podem passar mais tempo perto de seus bebês. Esse é um equilíbrio que pode nos levar a uma sociedade mais harmoniosa e sustentável.

REFERÊNCIAS:

187. ILO (International Labour Organization). *A quantum leap for gender equality: For a better future of work for all.* 2019. Disponível em: https://www.ilo.org/global/publications/books/WCMS_674831/lang--en/index.htm

188. MACHADO, C.; PINHO NETO, V. (2016) *The Labor Market Consequences of Maternity Leave Policies: Evidence from Brazil.* Disponível em: https://bibliotecadigital.fgv.br/dspace/handle/10438/17859

189. CORREL, S.; BERNARD, S.; PAIK, I. *Getting a job: Is there a Motherhood penalty?* American Journal of Sociology, 2007.

190. HILL, C.; MILLER, K.; BENSON, K.; HANDLEY, G. *Barriers and Bias: The Status of Women in Leadership*. Washington, DC: American Association of University Women, 2016.

191. MADALOZZO, R.; CARVALHO, A. *Perguntas e Respostas sobre Licença a Maternidade 2019*. Disponível em: https://www.insper.edu.br/wp-content/uploads/2019/11/Perguntas-e-Respostas-sobre-Licen%C3%A7a-Maternidade_Regina-Madalozzo.pdf

192. FERNANDES, G. *Brazilian Female Labor Market: Racial-Skin Color Discrimination and Inefficiency*. Economia Aplicada, 2015.

193. IPEA - INSTITUTO DE PESQUISA ECONÔMICA APLICADA - *Retrato das Desigualdades de Gênero e Raça*. 2015. Disponível em: http://www.ipea.gov.br/portal/images/stories/PDFs/170306_retrato_das_desigualdades_de_ge nero_raca.pdf

194. GLOBAL GENDER GAP REPORT 2021. Disponível em: <http://www3.weforum.org/docs/WEF_GGGR_2021.pdf>. Acesso em: 10 de agosto de 2021.

CAPÍTULO 20:
O VIÉS DE EFEITO GRUPO

Por que temos medo de ter
opiniões diferentes do nosso grupo

O apelido desse viés inconsciente poderia ser viés do "mas todo mundo faz assim". O efeito grupo se refere à nossa tendência em seguir o mesmo comportamento do grupo — e não a nossa própria opinião. Inconscientemente, buscamos tanto pertencer ao grupo, que evitamos um desvio do padrão.

Vamos imaginar dois exemplos clássicos: muitas pessoas discordam de um ponto de vista na reunião, mas quem lidera o grupo diz que concorda. Todo mundo muda de opinião e passa a concordar com a pessoa que lidera. O mesmo pode acontecer com a forma de se vestir. Algumas pessoas adotam uma moda diferente, e logo mais pessoas aderem, como forma de se sentirem mais acolhidas.

Esse viés é especialmente perigoso para pessoas de grupos minorizados. Se você é a única pessoa diversa do grupo e percebe que todas as outras concordam com uma opinião diferente da sua, fica ainda mais difícil manifestar uma opinião contrária. A pressão do grupo e do seu próprio inconsciente acaba fazendo com que você decida ficar em silêncio.

Como sempre trabalhei em setores muito masculinos, em muitas ocasiões eu era a única mulher na reunião. Lembro de não levar uma ideia ou pensamento adiante para evitar um possível confronto com a ideia do grupo. Por aparentemente ser a única pessoa com aquela ideia ou por já ter tentado me manifestar algumas vezes e não ser escutada, acabava concordando com o grupo.

Em uma pesquisa sobre gênero e desigualdade publicada em 2008, Regina Madalozzo conclui que o viés de efeito grupo é danoso principalmente nos casos em que há apenas uma mulher na diretoria de uma empresa[195].

Ela dificilmente se posicionará de forma contrária aos homens do grupo — e o grupo levará essa mulher a se comportar da mesma maneira que eles.

Para evitar o viés de efeito grupo, é necessário que as empresas tenham três ou mais mulheres nos conselhos de administração. Essa foi a conclusão do estudo das pesquisadoras Alison Konrad, Vicki Kramer e Sumru Erkut[196]. Após entrevistarem 70 pessoas da alta liderança de empresas listadas entre as mil maiores dos Estados Unidos, elas descobriram que esse era o quórum que fazia com que a contribuição das mulheres fosse mais bem aproveitada.

Claro que vamos continuar celebrando o avanço das mulheres na liderança, mesmo quando elas ainda estiverem sozinhas nessa posição. Mas se precisamos de três ou mais mulheres para reduzir o viés de efeito grupo, você consegue imaginar que a mesma conclusão também valha para pessoas negras, com deficiência ou pessoas de outros grupos minorizados, não é mesmo?

Esse viés também impacta outras pessoas, mesmo aquelas que não se encaixam em grupos minorizados. Isso porque temos um favoritismo inconsciente para as pessoas que pertencem ao nosso grupo — e uma indiferença que pode chegar à hostilidade com as pessoas que são de um grupo diferente.

Em 2017, a dupla de pesquisadores brasileiros Maria Emília Yamamoto e Victor Shiramizu percebeu que o viés de efeito grupo faz com que indivíduos do próprio grupo confiem e se beneficiem mais uns aos outros[197]. Além disso, de forma inconsciente classificamos como "amigo" aquele que faz parte do grupo e "inimigo" os que não fazem parte.

Vemos isso com times de futebol, que naturalmente criam um elo entre torcedores e torcedoras do meu time. Vi esse mesmo padrão acontecer durante uma dinâmica em uma das aulas do mestrado. O professor separou a turma em dois grupos e passou um problema para resolvermos. Em momento algum ele disse que éramos um grupo contra o outro.

No final da aula, nenhum dos dois grupos resolveu o problema. "Por que vocês não conversaram e tentaram resolver em conjunto?", ele perguntou. Sequer consideramos essa possibilidade. Estávamos em dois grupos — a única opção que o nosso cérebro enxerga é competir!

O viés de efeito grupo desperta alguns comportamentos semelhantes ao viés de afinidade. Afinal, se sou parte de um grupo, posso ter a tendência a trazer mais pessoas iguais a mim e às outras que estão no grupo. Além disso, também posso ter a tendência a ser mais crítica com aqueles que não fazem parte do meu grupo.

Assim como no caso do viés de afinidade, o papel dos homens brancos e amarelos para reduzir esse viés inconsciente é essencial. Segundo uma pesquisa realizada pelo Boston Consulting Group, em 2017, os programas de diversidade e inclusão têm 96% de sucesso quando homens estão ativamente envolvidos[198]. Já nas empresas nas quais os homens não estão envolvidos, o progresso é de apenas 30%.

Quando uma mensagem é dita por uma pessoa parecida conosco, a probabilidade de escutarmos e aceitar é muito maior. Agora que esse viés saiu do inconsciente, convido todos e todas a construírem grupos mais heterogêneos e diversos — que se escutem, troquem e evoluam.

REFERÊNCIAS:

195. MADALOZZO, R. *Gênero e Desigualdade.* GV-Executivo, 2008.

196. KONRAD, A.; KRAMER, V.; ERKUT, S. *Critical Mass: The Impact of Three or More Women on Corporate Boards.* Organizational Dynamics, 2008.

197. SHIRAMIZU, V.; YAMAMOTO, M.E. *"In x Out": Reviewing the Group Bias through the Biological Perspective.* Trends in Psychology, 2017.

198. *FIVE WAYS MEN CAN IMPROVE GENDER DIVERSITY AT WORK,* 2017. Disponível em: https://www.bcg.com/publications/2017/people-organization-behavior-culture-five-ways-men-improve-gender-diversity-work

CAPÍTULO 21:
O VIÉS DE EFEITO HALO

Como a primeira impressão positiva
ofusca qualquer outra informação negativa

Se alguém se apresenta dizendo que estudou em Harvard, naturalmente imaginamos que estamos diante de uma pessoa brilhante. Ela até pode ter "defeitos". Mas, depois de ouvirmos a palavra mágica Harvard, nossa predisposição a percebê-la será menor.

Isso acontece porque nosso cérebro rapidamente classifica o diploma da prestigiada universidade como uma informação positiva e ofusca outras percepções que poderíamos ter sobre essa pessoa.

Essa tendência em superestimar alguém com base em uma única característica ou informação positiva é que o se chama de viés de efeito halo, também conhecido como viés auréola.

A pessoa não precisa ter estudado em Harvard para isso acontecer. Se durante um processo seletivo você perceber um traço positivo na pessoa que está sendo entrevistada, inconscientemente criará uma afinidade e passará a ignorar possíveis traços negativos.

O psicólogo Edward Thorndike batizou o termo "efeito *halo*" em 1920, ao escrever um artigo chamado "O erro constante nas classificações psicológicas". Para chegar a essa conclusão, ele realizou diversos experimentos e testes com comandantes das Forças Armadas. Seu objetivo era analisar e identificar os critérios utilizados por esses comandantes para avaliar o desempenho de seus soldados.

A partir de análises em relação às características de liderança, aparência física, inteligência, confiabilidade e lealdade, Thorndike descobriu que os soldados que receberam as notas mais altas em aparência física também tiveram as melhores notas em inteligência, liderança e caráter. A beleza elevava a percepção sobre outros aspectos.

Muitos anos depois, em 2019, o pesquisador Matt Parrett realizou um estudo para descobrir se a beleza de garçons ou garçonetes impactaria na gorjeta que recebiam[199]. O resultado mostrou que atendentes considerados atraentes receberam cerca de 1.261 dólares a mais por ano em gorjetas do que aqueles considerados menos atraentes.

Segundo Parrett, a beleza tende a trazer mais retorno financeiro por estar frequentemente associada à inteligência, competência, liderança e saúde. No entanto as contribuições de pessoas bonitas para as empresas costumam ser muito semelhantes às de outras pessoas que não entram nessa categoria.

Diversos estudos mostram que o viés de efeito *halo* faz com que uma única impressão positiva influencie nossa opinião sobre outras áreas. Esse é um dos vieses que mais afetam as avaliações de desempenho, pois a liderança tem uma tendência de avaliar as pessoas do time com base na percepção de uma única característica positiva, e não no contexto total do desempenho dessas pessoas.

Essa preferência inconsciente de uma única característica pode acontecer no instante em que conhecemos alguém. A famosa frase "a primeira impressão é a que fica" é mais uma manifestação do viés de efeito *halo*. Depois de nossas impressões emocionais imediatas, podemos deixar de enxergar qualquer outra impressão negativa.

Assim como podemos comprometer a avaliação de alguém com base em uma única característica positiva, também corremos o risco de sermos influenciados por uma única impressão negativa. Nesse caso, entra em ação o viés de efeito *horn*. Se aquela pessoa não é considerada boa em algo, poderá ser injustamente considerada ruim em tudo.

Podemos estender esse viés até mesmo para o problema das notícias falsas que circulam em sites ou grupos de mensagens. Se a pessoa que estiver compartilhando aquela notícia tem valores semelhantes aos meus, inconscientemente acreditarei que ela é uma pessoa boa e íntegra — logo, aquela notícia deve ser verdadeira.

Para não cairmos na armadilha dos nossos próprios vieses inconscientes, precisamos ter sempre em mente que podemos errar em nossas avaliações e percepções sobre outras pessoas. É impossível mudarmos algo em nós enquanto não tivermos consciência sobre o problema. Agora que os vieses vieram para a superfície, podemos dar o próximo passo.

REFERÊNCIA:

199. PARRETT, M. *Beauty and the feast: Examining the effect of beauty on earnings using restaurant tipping data.* Journal of Economic Psychology. v. 49, p. 34-46, 2015.

CAPÍTULO 22:
A FALSA MERITOCRACIA

Por que não podemos acreditar em mérito
no meio de tantos vieses inconscientes

A partir do momento em que entendi como os vieses inconscientes funcionam e como estamos longe de ter igualdade de oportunidades entre as pessoas, parei de acreditar em meritocracia. Afinal, as empresas são feitas de pessoas, que, por sua vez, têm preconceitos inconscientes.

Vamos imaginar que João e Pedro fazem parte da minha equipe. Sou mais amiga do Pedro, jogamos vôlei de praia às quartas-feiras, frequentamos os aniversários de nossos filhos e filhas. O João pode até ser um pouco melhor que o Pedro, mas será que vou conseguir enxergar esse diferencial? Se surgir uma oportunidade de promover um dos dois, qual deles terá mais chance de conquistar a vaga?

Além de termos muitos vieses inconscientes, nosso cérebro muda conforme a opinião e a admiração que temos por alguém. Quando gostamos dessa pessoa, desativamos a área do julgamento crítico, ou seja, confiamos mais e somos menos críticas ou críticos. No entanto quando não gostamos da pessoa, o julgamento crítico vai às alturas.

Não somos pessoas neutras. Nosso julgamento não é objetivo, mas, sim, subjetivo. Logo, funcionários e funcionárias não são avaliados apenas por mérito individual. Sendo assim, é difícil continuarmos acreditando na eficácia da meritocracia.

A conclusão parece simples. Mas está longe de ser unanimidade e provoca discussões que ficam ainda mais acaloradas quando inserimos a palavra privilégio entre as justificativas.

Mas sei que minha filha não precisará trabalhar para pagar a mensalidade da faculdade, tampouco precisará ajudar com as contas da casa.

Ela sempre estudou em colégios particulares e aprendeu a falar inglês. Quando chegar a sua vez de procurar um estágio, é possível que alguma pessoa do meu círculo profissional ofereça uma oportunidade. Seria justo comparar a sua trajetória com a de uma pessoa de classe média baixa?

O diretor-geral do Google no Brasil, Fabio Coelho, relembrou o período em que viveu nos Estados Unidos, no início dos anos 2000, e de repente se viu como parte de um grupo minorizado. Publicado no Guia Diversidade nas Empresas realizado pela consultoria Ideia Sustentável[200], o depoimento do executivo mostra o instante em que ele entendeu como é estar "do outro lado".

"Percebi a falta que as lideranças hispânicas faziam", diz Fabio. "Filhos de mexicanos não viam mexicanos em posições de liderança. Comecei a participar de um processo de inspiração com jovens latino-americanos, para mostrar como um latino poderia ser presidente de uma empresa".

Diferentemente do que acontecia no Brasil, o executivo sofreu preconceito nos Estados Unidos. Às vezes, quando ia trabalhar com roupas menos formais, Fabio era parado pela polícia para verificar se não era um estrangeiro ilegal. Ao comprar uma casa no melhor bairro de Atlanta, uma vizinha confessou que as pessoas da rua haviam se preocupado com a presença de latino-americanos — algo que poderia desvalorizar os imóveis da região.

Para ele, a meritocracia avalia um período curto em relação a determinado componente de performance, mas não avalia a perspectiva histórica, ou seja, de onde o profissional vem e quais as condições que enfrentou para chegar à posição atual. "A meritocracia é válida, mas não deve ser a única ferramenta de avaliação, para não perpetuar a segregação e as diferenças".

Muitas pessoas acreditam que a meritocracia não é um sistema justo, uma vez que a ascensão profissional não depende exclusivamente do esforço individual, mas das oportunidades que cada indivíduo teve durante a vida. Depende até mesmo do lugar onde a pessoa está naquele instante — Fabio Coelho era considerado um homem branco no Brasil, mas latino-americano nos Estados Unidos.

É provável que você já tenha visto um vídeo no YouTube que viralizou alguns anos atrás. Nele, um professor de uma faculdade dos Estados Unidos alinha cerca de trinta jovens em um campo da escola e diz que o vencedor da corrida receberá cem dólares. Mas há um porém. Alguns receberão uma vantagem com base em experiências pessoais de vida.

"Dê dois passos à frente se os seus pais ainda forem casados", diz o professor. "Dê dois passos à frente se você estudou em uma escola particular". Quando ele termina de falar todas as "regras" do jogo, algumas pessoas já chegaram à linha de chegada — são principalmente pessoas brancas. Entretanto algumas delas sequer saíram do ponto de partida — são principalmente pessoas negras.

As frases ditas para que os alunos e as alunas dessem alguns passos à frente não tinham nada a ver com escolhas pessoais. Não era mérito. Assim, ele ilustra de forma didática o papel dos privilégios na vida das pessoas e como a desigualdade exercerá influência nas oportunidades futuras que se apresentarão para cada uma delas. O mérito só pode ser considerado justo quando as oportunidades forem iguais para todas as pessoas.

No livro *A tirania do mérito*, o filósofo e escritor Michael Sandel conclui que, mesmo com oportunidades iguais, a meritocracia impulsiona conquistas individuais, além de criar uma sociedade de pessoas vencedoras e perdedoras. Assim, as que vencem acabam menosprezando as outras.

Sugiro que você faça uma pesquisa na sua empresa para descobrir quem se sai melhor nas avaliações de desempenho. Homens ou mulheres? Brancos ou negros? Existe alguma diferença baseada em características de gênero, etnia ou orientação sexual afetiva, por exemplo? As pessoas com deficiência estão na mesma função há anos? Se a resposta for sim, a empresa dificilmente está tomando decisões justas, neutras e meritocráticas.

O artigo "A crença na meritocracia não é apenas falsa: é ruim para você", escrito por Clifton Mark em 2019, vai além. A publicação traz diversas pesquisas sugerindo que acreditar em mérito torna as pessoas mais egoístas, menos autocríticas e mais propensas a agir de maneira discriminatória. O escritor canadense também mostra que a crença de que é o mérito — e não a sorte — que determina o sucesso ou o fracasso também é falsa.

Publicado no portal Aeon e traduzido para o português pelo Nexo Jornal[201], o artigo conta que, no Reino Unido, 84% das pessoas entrevistadas afirmaram que o trabalho duro é "essencial" ou "muito importante" quando se trata de progredir. Já nos Estados Unidos, 69% das pessoas acreditam que são recompensadas por inteligência e habilidade. Nos dois países, as pessoas acreditam que fatores externos, como sorte e nascimento em uma família rica, são menos importantes.

No livro *Success and luck* ("Sucesso e sorte", em tradução livre), porém, o economista Robert Frank mostra por que as pessoas ricas subestimam a importância da sorte em suas conquistas. Ele cita o seu próprio exemplo como acadêmico e o de Bill Gates. Devem existir outras pessoas programadoras tão hábeis quanto Gates que não conseguiram se tornar bilionárias. Muitas têm mérito. O que as separa é a sorte.

Ainda segundo o artigo de Clifton Mark, reconhecer a influência da sorte ou fatores externos parece minimizar ou negar a existência de mérito individual. Mas esse não é o foco do nosso diálogo. O que ele busca mostrar é que, se todas as conquistas fossem vistas apenas pelo viés meritocrático, todos os fracassos poderiam ser vistos como defeitos pessoais.

Sei que vou soar repetitiva. Mas acredito que a meritocracia só poderia ser considerada se todos os vieses inconscientes estivessem conscientes. Melhor ainda se estendermos essa avaliação de desempenho a todo o grupo, em vez de focar apenas no individual.

SUGESTÕES PARA IR ALÉM

- Livro: A tirania do mérito, de Michael Sandel, filósofo e escritor.
- Vídeo: "Corrida por cem dólares feita de privilégio e desigualdade". Disponível em: https://www.youtube.com/watch?v=L177yGji8eM

REFERÊNCIAS:

200. *GUIA diversidade para empresas & boas práticas*, 2018. Disponível em: <https://liderancacomvalores.com.br/wp-content/uploads/2020/03/Guia-Diversidade-nas-Empresas.pdf>. Acesso em: 10 de agosto de 2021.

201. NEXO JORNAL, 2019. Disponível em: https://bit.ly/2ZPe6wF

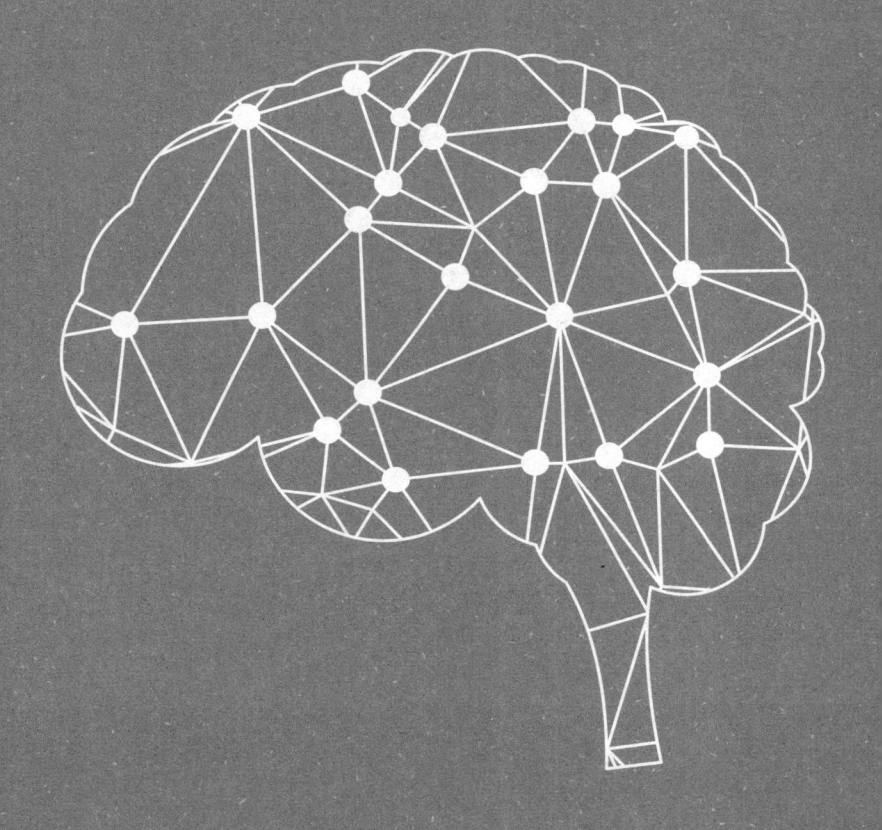

PARTE 3:
TRANSFORMAR

CAPÍTULO 23:
A DOR SOCIAL

Como o sentimento da exclusão provoca
o mesmo tipo de reação da dor física

Qual dessas duas alternativas você acredita ser mais prejudicial para a sua saúde física e mental: ser uma pessoa que fuma quinze cigarros por dia ou ser uma pessoa que não fuma, mas é rejeitada, excluída e humilhada no trabalho? Por mais estranha que essa comparação possa parecer, desconfio que você já saiba a resposta.

Segundo um estudo liderado pela professora de psicologia e neurociência Julianne Holt-Lunstad, a solidão e a falta de conexão social aumentam os riscos à saúde tanto quanto fumar quinze cigarros por dia, além de serem mais letais que o alcoolismo[202].

Para entender por que isso acontece, volto a falar que sempre mapeamos o ambiente para saber se estamos sob ameaça ou segurança. Nosso cérebro é intuitivo, emocional e inconsciente. Se na pré-história o cérebro buscava entender se um animal à nossa frente nos atacaria, agora esse órgão social examina as nossas interações com outras pessoas.

O ambiente corporativo de hoje é a savana de antigamente. Quando as pessoas se sentem excluídas, desrespeitadas, tratadas de forma injusta ou desvalorizadas, o cérebro ativa o mecanismo de ameaça. Essa reação de defesa do organismo, chamada de "luta ou fuga"[203], pode causar o que se chama de "sequestro da amígdala"[204].

A amígdala é o radar do cérebro para rastrear ameaças e faz parte do sistema límbico, que regula as respostas emocionais e faz a conexão com o sistema racional, colaborando com as decisões rápidas. Ao entrar no modo ameaça, ocorre a liberação da noradrenalina e do hormônio do estresse — o cortisol —, que são secretados pelas glândulas endócrinas e dominam o nosso corpo, gerando ansiedade, diminuindo o desempenho e reduzindo nossa capacidade de criar e de tomar decisões.

O resultado desse processo é a dor social, um sentimento associado às ameaças das nossas conexões sociais, sejam elas reais ou potenciais. Essa dor desencadeada pela exclusão, rejeição e falta de reconhecimento é tão maléfica quanto as dores físicas.

Um experimento conduzido por Naomi Eisenberger, pesquisadora-chefe de neurociência da Universidade de Los Angeles, mostrou que a sensação de exclusão ativa as mesmas áreas do cérebro responsáveis pela dor física[205]. Ou seja, a dor social pode provocar efeitos tão intensos quanto um soco no rosto ou uma queimadura.

Para chegar a essa conclusão, Naomi pediu que pessoas voluntárias participassem de um jogo eletrônico chamado Cyberball. Durante a partida, um aparelho de ressonância magnética examinava o cérebro dessa pessoa.

A regra do jogo era simples: cada pessoa via três avatares na tela, sendo que um deles era ela mesma. Os três avatares jogavam uma bola virtual uns para os outros. Durante o jogo, porém, o avatar da pessoa que estava sendo examinada parava de receber a bola, enquanto os outros dois continuavam arremessando entre si. Ela foi excluída da brincadeira.

As imagens no cérebro mapearam a reação ao sentimento da exclusão. A parte do córtex cingulado anterior manifestou uma atividade intensa. Para nossa surpresa, é a mesma região envolvida nos sentimentos da dor física.

Quando experimentamos essa dor social e da exclusão, nosso cérebro não consegue se concentrar. Ele se distrai com ideias como esta: "Não faça o seu trabalho. Vá consertar as suas relações sociais"[206].

O livro *A organização sem medo: criando segurança psicológica no local de trabalho*, escrito pela professora de liderança e gestão da Harvard Business School, Amy Edmondson, mostra mais detalhes da ação do cérebro e da amígdala no ambiente de trabalho.

A amígdala tem a importante função de dar uma resposta imediata. Ela se ativa conforme a expressão facial das pessoas, para então rastrear os riscos sociais e identificar o impacto emocional e o grau de perigo potencial ou imaginário. Assim que o medo ativa a amígdala, sentimos a reação emocional: o coração palpitar, a respiração ficar ofegante e a mão suar, por exemplo.

Essas alterações fisiológicas são as emoções, como definido por William James, especialista em psicologia experimental. Nosso corpo muda conforme capta informações do meio ambiente por meio da visão, da audição, do tato e do olfato. O estado consciente da emoção é chamado de sentimento — é a tomada de consciência e a identificação dessas sensações físicas[207].

O sentimento de medo consome recursos fisiológicos e desvia a atenção do cérebro. Como nossa amígdala foi "sequestrada", perdemos a conexão entre os sistemas racional e emocional. Por isso, o medo, a raiva e a exclusão inibem o aprendizado e a cooperação. Como resultado, uma pessoa que não se sente psicologicamente segura tem menos chances de aprender, compartilhar informações ou pedir ajuda.

Se em situações de exclusão liberamos cortisol e adrenalina, quando sentimos estímulos sociais positivos e momentos de inclusão liberamos a oxitocina, o hormônio da felicidade e da moralidade, que por sua vez aciona a liberação de dois neurotransmissores: a serotonina e a dopamina.

A serotonina reduz a ansiedade, regula o humor e o comportamento social. Já a dopamina está associada ao sistema de recompensas. Esse trio, formado pela oxitocina, serotonina e dopamina, faz com que as pessoas se sintam felizes e motivadas, aumentem seu desempenho e a capacidade de aprender e inovar.

O livro do neuroeconomista Paul Zak, *A molécula da moralidade*, explica muito sobre o efeito da oxitocina em nós e, como consequência, na sociedade. Esse é o hormônio da felicidade, do amor e das conexões sociais. A mulher em trabalho de parto ou amamentando libera oxitocina. Mas um abraço de apenas trinta segundos já é o suficiente para liberar oxitocina, bem como sinais de segurança, pertencimento e acolhimento.

Por outro lado, níveis altos de estresse bloqueiam a liberação da oxitocina. O sequestro da amígdala pode desencadear problemas ainda maiores. Diversas pesquisas revelam a conexão entre doenças graves e locais de trabalho tóxicos, mostrando que o estresse crônico precisa ser levado muito mais a sério[208].

Um estudo conduzido pelos pesquisadores Andrew Miller e Charles Raison mapeou o papel de processos inflamatórios em casos de depressão[209]. Como citado antes, tudo começa com o estresse, que estimula a produção e a liberação de cortisol e adrenalina.

Ao mesmo tempo em que esses hormônios são importantes mecanismos de sobrevivência, nos preparando para lutar ou fugir, eles também desequilibram o sistema imunológico e aceleram a resposta inflamatória e os processos de doença.

Nosso sistema de resposta inflamatório foi desenvolvido para nos proteger das agressões externas, como infecções e ferimentos. No entanto a evolução do ser humano levou esse sistema inflamatório a também responder a fatores ambientais e corporativos de estresse.

O estresse psicológico de ambientes tóxicos causa hiperatividade do eixo hipotálamo-pituitária-adrenal, também conhecido pela sigla HPA, o que por sua vez gera inflamação no corpo e no cérebro. Em processos frequentes em que a pessoa se sente ameaçada, o corpo retira energia do sistema imunológico, abrindo caminho para inflamações e podendo provocar desde um *burnout* (síndrome do esgotamento profissional) até doenças graves, como depressão, hipertensão, diabetes, colesterol alto, doenças autoimunes e câncer.

Sempre que explico esse processo nos treinamentos da CKZ, as pessoas participantes ficam caladas. Imagino que diversas lembranças de emoções e sentimentos venham à tona, tanto de situações em que possivelmente geramos dor social e exclusão em outras pessoas, quanto de situações em que fomos vítimas. Em alguns casos, vejo pessoas chorarem — a lembrança de um episódio doloroso pode reavivar todas as sensações.

"É igual para todo mundo?", algumas pessoas perguntam, buscando entender se o sequestro da amígdala gera as mesmas consequências em todas as pessoas. Algumas pesquisas mostram que o efeito é diferente dependendo do grau de autoestima e da relação entre ela ser introvertida ou extrovertida.

Pessoas introvertidas e com baixa autoestima são as que mais sofrem. Elas tendem a não falar que não estão bem ou que não gostam da piadinha e brincadeira, mais conhecida como *bullying*, que estão fazendo com ela. Por dentro, porém, esse tipo de comportamento causa mais frequentemente as respostas inflamatórias que vimos antes[210].

Existem três fatores principais que criam toxicidade em uma empresa: dano existencial, assédio moral e assédio sexual. O primeiro deles, o dano existencial, pode ser visto quando as pessoas se submetem a jornadas de trabalho excessivas, que geram abalo físico e psicológico e dificultam o direito ao lazer, ao descanso e ao convívio social — frequentemente levando ao *burnout*, uma exaustão extrema relacionada ao trabalho[211].

O International Stress Management Association estima que mais de 30% da população brasileira sofre com a Síndrome de Burnout[212], que pode se manifestar de diversas formas: dor muscular, dor de cabeça, desconexão afetiva, insatisfação pessoal, entre outras.

Já o assédio moral acontece quando a pessoa é submetida frequentemente a situações constrangedoras e humilhantes, o que pode acontecer diante de acusações, insultos, gritos, fofoca e exclusão social. Esse assédio fere a dignidade e a integridade física ou psíquica de uma pessoa. E o assédio sexual é resultado de contato físico indesejado, além de convites e conversas inoportunas sobre sexo.

Mas a toxicidade também vem da falta de reconhecimento, de favoritismos, da falta de comunicação entre as pessoas e de discriminações ou intimidações com base em raça, etnia, gênero, orientação sexual afetiva, identidade de gênero, idade, deficiência, entre outros atributos.

Ambientes tóxicos geram estresse, ansiedade, competição, medo, insegurança, instabilidade, baixo moral, esgotamento, além de rotatividade e baixa produtividade. Mesmo diante de tantas consequências negativas, muitas empresas ainda toleram comportamentos como esses.

Não existe toxicidade pequena ou grande — todas são prejudiciais para a saúde física e emocional. Na década de 1970, o psiquiatra de Harvard, Chester Pierce, usou o termo microagressões pela primeira vez. Ele se referia às violências erroneamente tratadas como leves e que atingem principalmente pessoas de grupos minorizados[213].

Alguns exemplos de microagressão são ignorar ou menosprezar o ponto de vista de alguém, ser indelicado ou indelicada, interromper uma fala, tratar a pessoa como se ela fosse inferior, fazer piada ou brincadeira preconceituosa, gritar ou falar em voz alta, fazer gestos agressivos e olhar de reprovação, bem como não incluir as pessoas apenas por elas não se encaixarem no perfil do grupo.

Para saber se existe microagressão na sua empresa, sugiro que você pense em uma reunião. Quantas vezes as pessoas são interrompidas enquanto estão falando? As mulheres costumam ser mais interrompidas que os homens? Perceba também se as pessoas usam o celular quando uma pessoa de um grupo minorizado está falando, mas não fazem o mesmo quando um homem fala.

E na hora de contratar novas pessoas? As perguntas direcionadas às mulheres são as mesmas feitas aos homens? O contato visual é o mesmo? Existem os mesmos sinais de confiança e engajamento? Os sinais de microagressões podem ser sutis e não verbais, além de acontecerem de maneira inconsciente. Entretanto o que parece micro para você, pode ser gigante para a pessoa que está sentindo.

As microagressões são como pequenos cortes que se transformam em uma grande ferida ao longo da vida corporativa. Tais comportamentos ferem principalmente pessoas de grupos minorizados, como mulheres, pessoas negras, pessoas LGBTQIA+, pessoas com deficiência, de diferentes idades e corpos.

Somos seres sociais e emocionais. As situações que vivemos todos os dias liberam hormônios no nosso corpo e cérebro, assim como nossas ações liberam hormônios nas outras pessoas. Não seria ótimo se pudéssemos escolher a liberação da oxitocina que gera felicidade para a pessoa à nossa frente, ao invés do cortisol do estresse?

Mas nós podemos, sim, escolher. A partir de agora, você tem consciência de que tudo o que decidimos, falamos ou gesticulamos tem impacto emocional e produz sentimentos nas outras pessoas. A consciência gera responsabilidade. Se soubéssemos que alguém desencadearia um câncer ou uma doença autoimune por conta das nossas ações, faríamos algo diferente?

> ### SUGESTÕES PARA IR ALÉM
>
> - TEDx: "Eliminando microagressões: o próximo nível da inclusão", de Tiffany Alvoid, advogada e palestrante. Disponível em: https://www.youtube.com/watch?v=cPqVit6TJjw
>
> - Livros:
>   - A organização sem medo: criando segurança psicológica no local de trabalho, de Amy Edmondson, professora de liderança e gestão da Harvard Business School.
>   - A molécula da moralidade, de Paul Zak, neuroeconomista.

REFERÊNCIAS:

202 HOLT-LUNSTAD, J.; SMITH, T.: BAKER, M.; HARRIS, T; STEPHENSON, D. *Loneliness and social isolation as risk factors for mortality: a meta-analytic review.* Julianne Holt-Lunstad e outros, 2015. Disponível em: <https://pubmed.ncbi.nlm.nih.gov/25910392/>. Acesso em: 10 de agosto de 2021.

203 MCCARTY, R. *Stress: Concepts, Cognition, Emotion, and Behavior: The Fight-or-Flight Response*, 2016.

204 HAMILTON, D. *Calming Your Brain During Conflict*, 2015. Disponível em: https://hbr.org/2015/12/calming-your-brain-during-conflict

205 EISENBERGER, N.; LIEBERMAN, M. *Why Rejection Hurts: What Social Neuroscience Has Revealed About the Brain's Response to Social Rejection*, Trends in Cognitive Sciences, 2004.

206 ZAK, P. *The Physiology of moral sentiments.* Journal of Economic Behavior e Organization, 2011.

207 ZAK, P. *A molécula da moralidade.* Rio de Janeiro: Elsevier, 2012.

208 BERNSTEIN, R. *The Mind and Mental Health: How Stress Affects the Brain*, Health And Human Services, 2016.

209 MILLER AH, RAISON CL. *The role of inflammation in depression: from evolutionary imperative to modern treatment target.* Nat Rev Immunol, 2016.

210. BARBER, N. *Do Extroverts Manage Stress Better?*, 2017. Disponível em: https://www.psychologytoday.com/intl/blog/the-human-beast/201701/do-extroverts-manage-stress-better

211 ASSAD, A. *Liderança tóxica.* Rio de Janeiro: Alta Books, 2017.

212 INTERNATIONAL STRESS MANAGEMENT ASSOCIATION. Disponível em: https://www.ismabrasil.com.br/

213 WILLIE, C. *Mental Health, Racism and Sexism*, 2016. Disponível em: https://www.taylorfrancis.com/books/mono/10.4324/9781315041254/mental-health-racism-sexism-charles-willie

CAPÍTULO 24:
A CULTURA INCLUSIVA

Por que empresas devem ter diversidade e inclusão, além de equidade e pertencimento

Pensei bastante antes de decidir a ordem dos capítulos desta terceira parte do livro, nomeada com o verbo "Transformar". Em um primeiro momento, minha ideia era começar falando sobre cultura inclusiva. Mas percebi que a importância do ambiente inclusivo e da segurança psicológica só ficaria clara se antes entendêssemos o quanto a dor social e a química do cérebro interferem na cultura das empresas.

O que chamamos de cultura inclusiva nada mais é do que o contrário de tudo o que descrevi no capítulo anterior. É um ambiente com segurança psicológica em que as pessoas não sentem que correm riscos nas relações interpessoais — elas confiam umas nas outras, se respeitam e se sentem à vontade para serem honestas e se expressarem.

O termo "segurança psicológica" foi usado pela primeira vez pelo psicólogo Edgard Schein, em 1965. Também foi ele quem disse que a cultura organizacional é o conjunto de pressupostos, crenças, valores, rituais e normas criadas por um determinado grupo e ensinado às demais pessoas como a forma correta de perceber, pensar e sentir.

Eu adoraria dizer que basta decidir ter uma cultura inclusiva e, como em um passe de mágica, a empresa passará a oferecer segurança psicológica. Entretanto as organizações não serão inclusivas do dia para a noite. Não basta participar de um treinamento sobre diversidade e inclusão ou ler este livro várias vezes, apesar de esses serem os primeiros e importantes passos para a transição.

Será necessário um esforço consciente para começar uma transição. Podemos comparar as ações de diversidade e inclusão com os assuntos de segurança. Na década de 1970, ninguém queria usar equipamentos de proteção individual ou cinto de segurança. Até entendermos que essas ações protegiam todo mundo: nós e as outras pessoas.

Hoje, ninguém mais questiona essas leis. As pessoas entenderam o benefício. Quando vemos alguém da empresa sem equipamento de proteção ou violando uma regra de segurança, avisamos que ela está se esquecendo de seguir o protocolo. É natural. A mesma educação e conscientização precisarão acontecer para termos uma cultura mais diversa e inclusiva.

Os benefícios da cultura inclusiva também estão claros: um relatório da Deloitte mostrou que essas empresas têm duas vezes mais probabilidade de excederem as metas financeiras, três vezes mais probabilidade de terem alto desempenho, seis vezes mais probabilidade de serem inovadoras e ágeis, e oito vezes mais probabilidade de obterem resultados de negócios melhores[214]. Tudo isso como consequência de as pessoas se sentirem respeitadas e valorizadas.

Apesar de as empresas estarem ganhando consciência sobre a importância da diversidade, muitas ainda esperam que as pessoas de grupos minorizados e com menos representatividade se adaptem à cultura existente — e não o contrário. Como já vimos, porém, a diversidade não faz milagres sozinha. Precisamos da inclusão.

A cultura tradicional dessas empresas precisará passar por um processo de transição — e não de mudança.

Gosto do modelo de transição proposto por William e Susan Bridges no livro *Gerenciando transições* (em tradução livre). A dupla estabelece uma diferença entre mudança e transição[215]. O conceito não foi criado com foco em diversidade e inclusão, mas pode ser facilmente trazido para cá.

A mudança é um processo rápido, que acontece mesmo que a pessoa não concorde. Como exemplo, podemos pensar na mudança de um *software*. Todas as pessoas precisam se adaptar rapidamente a essa mudança, querendo ou não.

Quando falamos sobre diversidade e inclusão, não estamos nos referindo a uma mudança rápida e objetiva — dificilmente teríamos sucesso assim. O processo de diversidade e inclusão é profundo. Como o casal Brigdes explica, é uma verdadeira jornada.

A falta desse entendimento leva a muitas frustrações, principalmente para as pessoas que compõem o comitê de diversidade e inclusão e grupos de afinidade das empresas.

A transição é um processo interno e subjetivo, que se divide em três fases: Término, Zona Neutra e Reinício. A transição acontece na mente. Cada pessoa vivenciará de uma forma individual e diferente.

O primeiro passo da transição é o Término, quando decidimos desapegar do passado. No caso da diversidade e da inclusão, sugiro abandonarmos a famosa frase "sempre foi assim", assim como os valores da cultura tradicional baseada no modelo militar de comando e controle. Esse modelo tende a gerar ambientes extremamente competitivos e focados apenas no desenvolvimento individual e em planos de carreira orientados pela meritocracia.

Por mais que a cultura inclusiva traga muitos benefícios, essa primeira fase pode trazer sensação de perda. Afinal, estamos saindo da zona de conforto — e o nosso cérebro não gosta de nada que é desconhecido. Será um período de resistência, medo, negação, raiva, resistência e frustração.

Já a Zona Neutra compreende o período entre o modelo antigo e o novo. Esse momento ainda gera incerteza e ansiedade, mas também possibilita experimentação e criatividade. Essa é a hora de se desenvolver e aprender mais sobre a diversidade, a inclusão e a ciência do cérebro.

Somente após a decisão da mudança e o aprendizado teórico, seguiremos para a última fase: o Reinício. As energias estarão renovadas; e as equipes comprometidas, confiantes e animadas para implementar as ações exploradas na Zona Neutra. Esse é o melhor caminho para estabelecer uma nova cultura, com novos valores, rituais e comportamentos. Um exemplo prático seria apostar em uma avaliação de desempenho que inclua não apenas a parte técnica, mas, principalmente, a comportamental.

Outro desafio da transição para uma cultura mais inclusiva é a convivência entre diferentes gerações. Se a cultura é o reflexo do comportamento e das atitudes das pessoas, precisamos entender que as equipes são uma mistura de pelo menos quatro gerações — e cada uma delas tende a ter modelos mentais muito diferentes[216].

Geração é um grupo de pessoas que nascem em um mesmo período e que têm o comportamento influenciado pela sociedade em que viveram. Suas experiências acabam influenciando o modo como pensam, agem e vivem.

As pessoas *baby boomers* têm uma cultura mais focada no modelo militar de comando e controle. Essas pessoas nasceram depois da Segunda Grande Guerra Mundial, entre 1946 e 1964, e priorizam estabilidade e carreira. Sabem e aprenderam a trabalhar com hierarquia. Não nasceram em um mundo tão acelerado como hoje.

Já a geração X, na qual eu me incluo, também aceita disciplina. Essas pessoas nascidas entre 1965 e 1979 cresceram sob o contexto da Guerra Fria, ditadura militar e globalização. O senso de coletividade de pessoas *baby boomers* deu espaço a um ambiente mais competitivo. Lembro-me de que, durante a maior parte da minha carreira, fui educada a seguir a hierarquia — jamais falar com a diretoria sem antes passar pela gerência.

Tanto a geração X quanto *baby boomers* aprenderam a liderar pela cultura do medo. Eu mando e você obedece. Só crescia quem ficava no escritório até tarde da noite — todo mundo encerrava o expediente depois de a chefia ir embora. Essa cultura, infelizmente, ainda não ficou no passado. Recentemente, ouvi o presidente de uma grande empresa dizer que a liderança pelo medo funciona.

Essas duas gerações cresceram assistindo a programas que seriam inadmissíveis de irem ao ar nos canais abertos hoje em dia. O Chacrinha hipersexualizava as mulheres. Os Trapalhões e o Chico Anísio Show faziam piadas racistas, machistas, homofóbicas, xenofóbicas e por aí vai... Esses programas de televisão ficaram quase trinta anos no ar. Esse é um dos motivos pelos quais pessoas dessas gerações naturalizaram as "piadas" e ainda acreditam que é apenas uma brincadeira.

Também costumo ouvir reclamações sobre a "proibição" das piadas e brincadeiras mais conhecidas entre essas duas gerações. "Poxa, mas sofri *bullying* a vida inteira e estou bem!", algumas pessoas me dizem. "Mas a pessoa não fala nada e até dá risada quando faço uma brincadeira ou piada", outras dizem.

O pertencimento faz com que a pessoa "aceite" esse comportamento, para se sentir incluída no grupo. Mas o custo emocional do *bullying* ou do preconceito recreativo, que é o nome correto para as piadas, é altíssimo. Só porque erramos no passado vamos continuar errando no presente e no futuro?

Já a geração Y, também chamada de *millenials*, cresceu em um período de promessas econômicas. Para as pessoas nascidas entre 1980 e 1994, estabilidade não é um item tão importante. Elas buscam propósito, paixão e imediatismo. Acompanharam o crescimento da internet e o surgimento das redes sociais.

Na geração seguinte, porém, ninguém mais entra no Facebook. As pessoas da geração Z, nascidas entre 1990 e 2000, gostam mesmo é do Instagram. Trocaram a televisão pelo YouTube e seguem canais de pessoas muito mais diversas. São nativas digitais, multitarefas (apesar de o cérebro não ser multifoco), questionadoras, ativistas sociais e abertas à diversidade e à inclusão.

As quatro gerações têm características muito diferentes. Ou seja, além de acabarmos com o machismo, racismo, LGBTfobia, gordofobia, capacitismo, classismo e tantos outros preconceitos, precisamos aprender a conviver em harmonia com essas diferenças geracionais.

Somos pessoas únicas e diversas. A base das nossas relações está na empatia, no respeito e na colaboração. Apesar de já ter ouvido muitas pessoas falarem que "aqui todo mundo é igual", preciso lembrar que somos diferentes.

Por isso, para termos uma cultura diversa e inclusiva, é essencial também explorar dois importantes conceitos: a equidade e o pertencimento. Esses dois conceitos precisam coexistir com a diversidade e a inclusão para criarmos a melhor experiência possível para as pessoas.

Afinal, se partimos do princípio de que todas as pessoas são iguais, será que a empresa irá considerar a contratação de um *software* diferente para a pessoa com deficiência? Precisamos tratar cada pessoa de acordo com a sua necessidade. Em vez de falarmos em igualdade, precisamos falar de equidade.

Uma ilustração criada pela Fundação Robert Wood Johnson exemplifica essa diferença. Na primeira imagem, quatro pessoas recebem uma bicicleta igual. No entanto apenas uma consegue pedalar confortavelmente.

Isso porque uma delas é muito alta; outra é uma pessoa com deficiência, cadeirante; outra ainda é uma criança. Na segunda imagem, cada pessoa recebe uma bicicleta adaptada às suas necessidades. Agora, as quatro conseguem pedalar confortavelmente.

Podemos estender essa ideia para o ambiente corporativo de muitas maneiras. Não adianta querer que todas as pessoas falem inglês ou tenham se formado em uma universidade considerada de ponta. Outro exemplo comum são os processos informais de mentoria que homens brancos e amarelos costumam dar uns aos outros quando confraternizam em almoços e *happy hours* ou quando praticam algum esporte juntos. Logo, mulheres e pessoas de outros grupos minorizados podem precisar de um processo formal de mentoria.

Já o pertencimento é o sentimento de inclusão e identidade com um determinado grupo de pessoas. É aquela sensação de segurança e apoio. O desempenho de pessoas que sentem que não pertencem ao grupo de trabalho ao qual fazem parte é prejudicado — ela se sente desconfortável, com vontade de sair dali.

No entanto, quando as pessoas têm sentimentos de aproximação e de pertencimento, o envolvimento e o desempenho delas com o trabalho aumenta[217]. Para que as pessoas sintam que pertencem ao ambiente de trabalho, é importante que elas se sintam representadas, vejam pessoas como elas em cargos de gestão e liderança, para que possam acreditar que também podem alcançar os cargos mais altos.

O sentimento de pertencer a um grupo ou a uma empresa tem uma forte relação com o engajamento, além de uma alta correlação com produtividade e retenção de talentos. As pessoas estão tão motivadas para contribuir com o sucesso da organização, que se comprometem a realizar as tarefas necessárias para atingir as metas da corporação.

Segundo uma pesquisa da Gallup Group, o engajamento também reduz o absenteísmo em 37% e o *turnover* em 25%, além de aumentar a produtividade em 21% e a lucratividade em 22%[218]. Para as pessoas que fazem parte dos grupos minorizados, pertencimento e engajamento são fatores ainda mais importantes. Somente assim elas sentem que podem compartilhar ideias, falar com confiança e contribuir de verdade.

Não existe um manual definitivo da cultura inclusiva. Mas é possível listar algumas atitudes que nos levam a essa direção. O primeiro passo é considerar as diferenças entre as pessoas, honrar a individualidade delas e respeitar suas necessidades. As pessoas precisam ser aceitas por serem quem são, ou seja, não precisam mudar seu estilo de liderança, o cabelo, seu estilo de roupa, seu sotaque, ou mesmo criar uma versão "hétero".

O segundo é não dar risada ao ouvir comentários maldosos, piadas e comportamentos inadequados. Ao presenciar momentos assim, é importante ter uma conversa amigável com a pessoa, para ajudá-la a se conscientizar sobre as suas atitudes e mostrar que vão contra os valores da empresa. Lembrando que agir com agressividade com a pessoa que teve o comportamento inadequado não funciona, pois ela entra no mecanismo de ameaça, fica com raiva e não escuta o que você fala[219].

O terceiro é acolher — essa é a melhor forma de fazer com que as pessoas se sintam pertencentes. Elas se sentem mais incluídas quando são notadas e reconhecidas por suas colocações e ideias. O quarto é criar um ambiente onde todas as pessoas se sintam seguras para participar. Elas sentem que têm voz, contribuem nas reuniões e participam dos projetos importantes.

Por último, mas não menos importante, perceba se você não está deixando uma pessoa de fora sem nem perceber. Não presuma que todas as pessoas se sentem igualmente incluídas na cultura existente. Pergunte, construa um canal de conexão para que elas possam expressar seus sentimentos.

Nossas atitudes e comportamentos também demonstram comprometimento com a diversidade e a cultura inclusiva. Repito a frase que citei no capítulo 7, dita no século 19 pelo escritor Ralph Waldo Emerson: "O que você faz fala tão alto que eu não consigo ouvir o que você diz". Ele não poderia ser mais atual, é a frase "walk the talk".

Uma cultura mais inclusiva depende de bons exemplos e atitudes vindas da liderança. Afinal, a empresa é feita de pessoas. Claro que a organização precisa decidir passar pela transição rumo a um ambiente mais inclusivo, mas também temos a responsabilidade por termos atitudes que trazem mais proteção e segurança psicológica para todas as pessoas que convivem conosco.

SUGESTÕES PARA IR ALÉM

- Filmes:
  - "A Tenente de Cargil", inspirado em fatos reais e produzido pela Netflix.
  - "Extraordinário", inspirado no best-seller homônimo escrito por Raquel J. Palacio.

- Livro: Comunicação não-violenta - técnicas para aprimorar relacionamentos pessoais e profissionais, de Marshall B. Rosenberg.

REFERÊNCIAS:

214. DELOITTE - *Diversity and Inclusion Revolution*, 2018. Disponível em: https://www2.deloitte.com/content/dam/insights/us/articles/4209_Diversity-and-inclusion-revolution/DI_Diversity-and-inclusion-revolution.pdf

215. BRIDGES, W., BRIDGES, S. *Managing Transitions: Making the Most of Change*, 1991.

216. MCKINSEY. *'True Gen': Generation Z and its implications for companies*, 2018. Disponível em: https://www.mckinsey.com/industries/consumer-packaged-goods/our-insights/true-gen-generation-z-and-its-implications-for-companies

217. EDMONDSON, A. *A organização sem medo - criando segurança psicológica no local de trabalho para aprendizado, inovação e crescimento,* Alta Books Editora, 2020.

218. GALLUP GROUP. *How Employee Engagement Drives Growth,* 2013. Disponível em: https://www.gallup.com/workplace/236927/employee-engagement-drives-growth.aspx

219. TREASURE, J. *How to be Heard: Secrets for Powerful Speaking and Listening.*

CAPÍTULO 25:
A LIDERANÇA INCLUSIVA

Quais os conselhos para formarmos
vínculos de segurança entre as pessoas

Por mais que nossas ações individuais sejam importantíssimas, sei que uma pessoa sozinha não conseguirá mudar a cultura de uma empresa. Sem engajar a liderança, nada funciona. A alta liderança precisa se comprometer com a jornada de diversidade e inclusão. Também é preciso envolver a média liderança.

Caso contrário, a média liderança poderá sabotar as ações para uma cultura mais inclusiva. O comportamento será inconsciente, claro. Mas partirá de um sentimento de exclusão. "Se não me chamam, não sou importante, não faço parte, não vou seguir", algumas pessoas tendem a pensar.

A liderança desempenha um papel fundamental na promoção da cultura inclusiva. O comportamento dessas pessoas será seguido pelos demais colaboradores. Sabendo disso, a liderança deve ser a primeira a dar o exemplo de comportamento inclusivo. Caso contrário, vamos perpetuar o tradicional "faça o que eu digo, não faça o que eu faço".

Lembro do caso de uma empresa que aderiu ao Programa Empresa Cidadã, do governo federal, que permite vinte dias de licença-paternidade. Quando fiz o relatório de análise das ações de diversidade e inclusão, parabenizei a iniciativa e sugeri que o presidente da empresa gravasse um vídeo falando sobre a sua própria experiência — ele acabara de se tornar pai. "Mas eu não tirei os vinte dias...", ele respondeu.

Imagine a minha frustração. Se o presidente tirou cinco dias, as pessoas farão o mesmo. Não adianta ter um programa de diversidade, se a liderança não adere. Parece óbvio dizer isso, mas é o que mais vejo nas empresas. Depois de meses de trabalho, o plano de ação de diversidade e inclusão fica perfeito no papel. Mas a liderança continua repetindo os mesmos comportamentos do passado.

O relatório "Diversidade vence: como a inclusão importa" (em tradução livre), divulgado pela McKinsey, expressa a importância dessa liderança inclusiva[220]. De acordo com a consultoria, o ambiente de trabalho e suas experiências positivas determinam se pessoas com talentos diversos permanecem ou não — e se prosperam ou não. Para atrair e reter pessoas talentosas, a inclusão é fundamental.

Afinal, a liderança tem o poder de decidir que tipo de ambiente será criado e, consequentemente, qual será o impacto gerado no time. É preciso energia e esforço para ser uma liderança inclusiva. Mas, como já vimos, o retorno compensa: as pessoas são mais colaborativas quando se sentem seguras para contribuir sem medo de constrangimento ou punição.

Antes de promover uma mudança cultural dentro da organização, a liderança deve fazer uma autorreflexão. É essencial que cada pessoa avalie criticamente como pensa, fala e age em relação às pessoas. Depois de empreender uma transformação interna e entender sobre seus próprios pensamentos conscientes e inconscientes, será possível se engajar na diversidade e na inclusão.

Como já vimos, somos seres sociais e emocionais[221]. Nossas reações fisiológicas e neurológicas são definidas pelas interações sociais e pela percepção de como nos sentimos no ambiente. Lideranças precisam ter em mente que são um dos principais vetores desse contágio emocional[222]. Se o contágio for negativo, as pessoas terão medo, angústia e desconfiança.

No livro *Líderes se servem por último*, escrito pelo consultor e palestrante Simon Sinek[223], vemos como a confiança e a cooperação criam um "círculo de segurança". Segundo o autor, quanto mais segurança, confiança e apreciação as pessoas receberem da liderança e do grupo ao qual fazem parte, mais lealdade e compromisso demonstrarão — e isso será percebido na qualidade e na entrega do trabalho.

O círculo de segurança diminui o estresse, aumenta a satisfação e a vontade de fazer mais pela liderança e pelas pessoas do time. Ele também cita o que já vimos algumas vezes neste livro: quando a pessoa se sente cuidada, valorizada, respeitada e percebe que existe cooperação, os hormônios oxitocina, serotonina e dopamina entram em ação.

Mais do que querer a aprovação da liderança e do time do qual fazemos parte, nós precisamos dela. Precisamos de confiança. Queremos criar vínculos profundos e nos sentirmos protegidos contra ameaças vindas de dentro e de fora da organização.

Afinal, ao contrário das ameaças de fora da empresa, que não estão sob o controle da liderança, as ameaças internas podem e devem ser controladas. Entre elas estão o desrespeito, a rivalidade, a intimidação, a humilhação, as atitudes tendenciosas, o preconceito, o isolamento ou a rejeição. Todas elas levam à descarga de cortisol e adrenalina, que geram estresse e ansiedade.

Uma organização não é uma máquina. É um organismo vivo formado por pessoas. Quanto mais seguras e respeitadas elas se sentirem, mais haverá formação de vínculos de confiança que impactam positivamente o clima organizacional e o resultado dos negócios.

Existem duas qualidades que acredito serem as mais importantes para uma liderança inclusiva: empatia e respeito. É fácil escrever essas palavras, difícil é colocá-las em prática.

A empatia depende da gama de emoções que você pode sentir. Se você não sentir certas emoções, terá dificuldade para detectá-las em outra pessoa. Ela é muito mais do que se colocar no lugar da outra pessoa — é a capacidade de entrar no mundo de alguém, fazendo a pessoa sentir que você compreende seus pensamentos, sentimentos e emoções. É necessário escutar atentamente, sem julgamento ou preconceitos. Essa atitude promove uma melhora significativa nas relações interpessoais.

Já o respeito significa atenção, consideração e escuta ativa. As pessoas se sentem respeitadas quando são escutadas e compreendidas. Respeito não é ausência de desrespeito. Eliminar o desrespeito, como palavras e comportamentos rudes, insultuosos ou desvalorizadores, não cria respeito. Respeito é uma ação, é valorizar e honrar a outra pessoa, tanto em palavras como em ações.

Infelizmente, ainda é raro vermos ambientes de trabalho baseados no respeito e na empatia. Segundo uma pesquisa realizada pela Associação de

Psicologia dos Estados Unidos, 75% das pessoas consideram a liderança direta a maior razão de estresse no trabalho[224]. Esse dado mostra que realmente há algo errado nas empresas.

A falta de inteligência de gênero é um dos grandes obstáculos para a criação de relações profissionais melhores, mais saudáveis e baseadas em confiança. O livro *Trabalhando juntos*, dos autores John Gray e Barbara Annis[225], mostra oito pontos cegos entre homens e mulheres no ambiente de trabalho. Sem entender essas diferenças, será muito mais difícil ser uma liderança inclusiva.

Ao estudar a inteligência de gênero, entendemos que homens e mulheres se comunicam, resolvem conflitos e lidam com a emoção e com o estresse de maneira diferente. Nossos cérebros não são iguais. Precisamos entender e respeitar nossas diferenças, em vez de querer que as mulheres sejam iguais aos homens — ou vice-versa.

Após entrevistarem mais de cem mil funcionários de 75 grandes empresas em todo o mundo, John Gray e Barbara Annis mapearam os oito pontos cegos. Segundo a dupla, desconhecer como e por que homens e mulheres pensam e agem diferente faz com que esses pontos cegos existam. A solução é estarmos mais conscientes sobre essas diferenças.

Mulheres buscam soluções duradouras para resolver um problema. Para isso, expandem o contexto, pensando em várias hipóteses para entender o que está acontecendo. Já os homens preferem isolar a situação e encontrar uma solução rápida.

Mulheres acreditam que as melhores ideias surgem do trabalho em equipe. Homens, por outro lado, aprenderam a criar sozinhos. Já ouvi homens que participaram do nosso treinamento contando que a última vez que trabalharam em conjunto havia sido na faculdade. Os *squads* — modelo comum em *startups* — são uma solução para conciliar essas duas formas de trabalhar.

Mulheres acreditam que os esforços conjuntos são tão importantes quanto o resultado. Homens entendem que o mais importante é chegar ao resultado, vencer. Lembrando que é impossível que todos os homens e todas as mulheres se identifiquem com todos os pontos cegos. Essas são generalizações para entendermos a motivação geral por trás dos nossos comportamentos.

As mulheres têm mais tendência a serem inclusivas e desejarem que todas as pessoas contribuam. Homens foram mais educados na cultura de comando e controle — logo, quem está na liderança precisa saber o que fazer e dar a palavra final. É esperado que ele tome as decisões.

Mulheres amam fazer perguntas. E gostam que as pessoas façam perguntas ou peçam a sua opinião em uma reunião. Já os homens anunciam a sua opinião. Se ele tiver algo a dizer, ele dirá. Não precisa perguntar. "Se alguém me faz uma pergunta na frente dos outros, parece que quer me expor", alguns homens já me disseram.

Mulheres falam olhando no olho. Homens desviam o olhar para estimular e processar o pensamento. Ao conversar, eles manuseiam um objeto enquanto falam, por exemplo. Mas isso não significa que não estejam prestando atenção — é justamente o contrário.

Mulheres naturalmente têm mais oxitocina, por isso detectam emoção e têm mais empatia. É uma questão fisiológica. Só pelo tom de voz, percebem se a pessoa está bem ou não. Homens têm mais dificuldade para identificar essas sutilezas e as microexpressões. Ou seja, se uma mulher deseja uma promoção ou quer ser expatriada, deve falar. Não esperar que o homem entenda as entrelinhas.

Mulheres têm pensamento multidimensional. Elas passam do assunto dois para o quatro, sem resolver o dois. Voltam para o três e avançam para o quatro de novo, sem se perder nos pensamentos. Isso enlouquece os homens, cujos pensamentos são progressivos — primeiro resolvem o assunto dois, para depois seguir para o três.

Nenhuma dessas maneiras de pensar e agir é perfeita sozinha. As duas são complementares — é esse equilíbrio que leva a melhores decisões e soluções de problemas. Mas pense o seguinte: se ainda não conseguimos sequer harmonizar as diferenças entre homens e mulheres, que dirá entender como incluir todas as pessoas diversas com respeito, empatia e confiança.

Podemos repetir várias vezes que o principal objetivo da liderança inclusiva é inspirar e cuidar das pessoas para que elas possam entregar seu melhor trabalho para o crescimento do negócio. Mas sem os conceitos dos capítulos anteriores, acredito que essa frase mudaria pouco ou quase nada no nosso dia a dia.

O mesmo efeito aconteceria com a lista de atitudes de uma liderança inclusiva, que trago na sequência. Cada recomendação tem o poder de fazer com que as pessoas se sintam valorizadas, respeitadas e incluídas. São frases curtas e aparentemente simples, mas que transformam o ambiente de trabalho de qualquer empresa.

Antes de você continuar a leitura, deixo uma pergunta: como você quer ser lembrado ou lembrada quando estiver em um cargo de liderança? Qual será o seu legado?

O que uma liderança inclusiva faz:

- Defende as necessidades das pessoas;
- Vê todas as pessoas como parte importante de equipe;
- Fala regularmente sobre diversidade e inclusão nas reuniões estratégicas e de equipe;
- Promove rodas de diálogos sobre diversidade e inclusão;
- Tem a mente aberta para entender como as outras pessoas veem e experimentam o mundo;
- Tem metas para aumentar a diversidade no seu time;
- Busca por pessoas diversas nas próximas contratações.
- Considera os interesses de todas as pessoas ao tomar decisões importantes;
- Faz com que as pessoas se sintam apreciadas e valorizadas;
- Trata todas as pessoas com justiça;
- Age imediatamente ao perceber uma situação preconceituosa ou discriminatória;
- Garante o respeito entre as pessoas da equipe;
- Dá autonomia, permitindo que as pessoas determinem os seus processos de trabalho;
- Solicita opiniões de todas as pessoas;
- Busca e escuta perspectivas diferentes das suas;

- Reconhece publicamente as contribuições e os pontos fortes de cada pessoa;
- Encoraja as pessoas a serem elas mesmas, sem que tenham que se transformar para serem aceitas;
- Cria um ambiente seguro, onde as pessoas se sentem confortáveis para opinar;
- Não faz comentários ou brincadeiras preconceituosas;
- Não fala mal de alguém pelas costas;
- Não interrompe ninguém e não deixa que as demais pessoas façam isso;
- Evita julgamentos rápidos e busca suspender suas crenças.

SUGESTÕES PARA IR ALÉM

- Livros:
  - Trabalhando juntos: homens e mulheres inteligentes, colaborando e vencendo, de Barbara Annis e John Gray.
  - Líderes se servem por último: como construir equipes seguras e confiantes, de Simon Sinek.
  - Gender Intelligence: Breakthrough Strategies for Increasing Diversity and Improving Your Bottom Line, de Barbara Annis e Keith Merron (sem tradução para o português).

REFERÊNCIAS:

220. MCKINSEY - DIVERSITY WINS: HOW INCLUSION MATTERS, 2020. Disponível em: https://www.mckinsey.com/featured-insights/diversity-and-inclusion/diversity-wins-how-inclusion-matters

221. BARRAZA, J., ZAK, P. *Empathy toward strangers triggers oxytocin release and subsequent generosity.* Annals of the New York Academy of Sciences, 2009.

222. GOLEMAN, D. *The Brain and Emotional Intelligence: New Insights,* 2011.

223. SINEK, S. *Líderes se servem por último. Como construir equipes seguras e confiantes*. Rio de Janeiro. Alta Books, 2019.

224. HBR. *What to Do When You Have a Bad Boss*, 2018. Disponível em: https://hbr.org/2018/09/what-to-do-when-you-have-a-bad-boss.

225. ANNIS, B.; GRAY, J. *Work with Me: The 8 Blind Spots Between Men and Women*, 2014.

CAPÍTULO 26:
A SIGLA ESGD

Por que a diversidade também deveria ser um critério ESG

O ano de 2020 foi o ano do ESG. Quem não acompanhava o assunto pode ter pensado que a sigla em inglês para as práticas ligadas às áreas ambiental, social e de governança acabara de nascer. Mas já faz mais de dez anos que a agenda ESG buscava encontrar sua devida relevância. Agora que ganhou mais espaço e atenção, só vai crescer. As três letrinhas não são uma tendência passageira.

Em julho de 2021, a bolsa de valores brasileira mudou a metodologia do Índice de Sustentabilidade Empresarial (ISE) para investidores e gestores mapearem as empresas com ações listadas na B3 que estão mais avançadas na agenda ESG[226]. As exigências aumentaram e agora resultarão em uma nota geral para as empresas.

No questionário que contempla 28 temas estão pautas ligadas a meio ambiente, governança corporativa, práticas trabalhistas, segurança de dados, modelos de negócios e inovação, além de diversidade e inclusão. Todas as áreas fazem parte da sigla ESG.

Na letra "E" estão as ações ambientais das empresas relacionadas às políticas de sustentabilidade, uso de energia renovável, gestão correta dos resíduos e controle da poluição e emissão de CO_2.

O "S" traz a parte social, examinando como as corporações gerenciam relacionamentos com seu público interno e externo. Aqui entram fatores como direitos humanos, satisfação dos consumidores, engajamento dos colaboradores, impacto na sociedade, bem-estar animal, condições de trabalho e diversidade e inclusão.

Já o "G" diz respeito ao conjunto de processos e regras que regulam a maneira como uma empresa é dirigida, administrada ou controlada. Esse quesito avalia a situação fiscal, a estrutura da empresa, a análise de corrupção, bem como a diversidade no conselho e em cargos de liderança.

Mas será que instintivamente pensamos em diversidade e inclusão quando olhamos para as letras "S e G"? Vemos muitas matérias falando sobre a importância da sustentabilidade, termo que nosso cérebro inconscientemente ainda tende a associar às políticas ambientais. Vejo poucas falando especificamente sobre culturas mais diversas e inclusivas. Espero que, quando você estiver lendo este livro, a realidade já seja outra.

No entanto, como já vimos, inúmeras pesquisas mostram que o investimento em diversidade gera retorno financeiro para as companhias, ao mesmo tempo em que impacta positivamente as pessoas que trabalham lá e a sociedade. Quanto mais tivermos consciência da importância da diversidade e da inclusão nas organizações, mais passaremos a buscar empresas que tenham esse pilar como valor intrínseco.

Em 2021, a consultoria Bain & Company entrevistou vinte executivos e executivas das maiores empresas de bens de consumo do Brasil para entender como estão os critérios ambientais, sociais e de governança[227]. De acordo com o levantamento, 100% das pessoas entrevistadas destacaram a importância dessas práticas. Entretanto apenas 5% disseram já ter incorporado o conceito em suas empresas.

Enquanto as empresas demoram para colocar as iniciativas em prática, as pessoas se manifestam por meio das suas decisões de compra. Uma pesquisa da Deloitte realizada em 2019 nos Estados Unidos, Reino Unido, China e Brasil mostrou que as pessoas entrevistadas tomam decisões de compra com base em como as marcas tratam colaboradores e colaboradoras, no impacto ambiental e no apoio às comunidades em que operam[228].

A diversidade e a inclusão dos times também fazem com que essas pessoas se sintam representadas e refletidas na experiência de compra. Outra pesquisa[229] mostra que 83% das pessoas optam por comprar de marcas que se posicionam a favor da diversidade e da inclusão. Mais interessante ainda é que marcas que se mantêm neutras são simplesmente dispensadas.

Apesar de sua importância, a diversidade fica escondida na sigla ESG, sem protagonismo. No entanto empresas que buscam garantir espaço tanto no presente como no futuro precisam entender que a diversidade e a inclusão são prioridades dentro dos critérios sociais e de governança.

Costumo dizer que essas ações são incorporadas nas corporações por três caminhos: pelo amor, quando a alta liderança entende e acredita na mudança; pela dor, quando há perda financeira, de valor de mercado, reputação ou imagem por não ter iniciado esse processo antes; ou pela inteligência, quando a liderança entende que esse é um movimento necessário.

Depois de incorporadas, ainda há o desafio de reportar os resultados. Um artigo da PwC[230] trouxe alguns *insights* para tangibilizar essas ações que, ao contrário das questões ligadas ao meio ambiente e à governança, são mais difíceis de medir. Entre as três práticas principais estão a construção de uma história inspiradora, o alinhamento com as lideranças certas nos relatórios de diversidade e inclusão e uma abordagem baseada em dados.

Mas esses são desafios bons. Afinal, indicam que a empresa já instituiu uma pauta ESGD. No Brasil, ainda estamos no começo dessa jornada. No entanto com a demanda crescente da sociedade e de investidores, que priorizam companhias que respondam de forma positiva a todos os critérios e invistam em programas de fomento à diversidade e inclusão, não há dúvida de que as empresas começarão a orientar os seus negócios para além do lucro, se preocupando também com as melhores práticas de gestão de pessoas.

Talvez seja óbvio que vá defender o acréscimo da letra D na sigla. Ou não teria escrito um livro inteiro mostrando como os nossos vieses inconscientes dificultam a diversidade e a inclusão nas empresas. A letra D precisa ter destaque na sigla, mas precisa muito mais ser incorporada em todas as áreas — do departamento de recursos humanos à controladoria, financeiro, *marketing* e todas as áreas que fazem uma empresa existir.

> ### SUGESTÕES PARA IR ALÉM
>
> - Artigo: "Turning 'ESG' into 'ESGD': How investors can support diversity with their dollars", publicado na Fortune (sem tradução para o português). Disponível em: https://fortune.com/2020/06/11/diversity-inclusion-investing-esg-esgd/
> - Livro: International Business Strategy: Rethinking the Foundations of Global Corporate Success, de Alain Verbeke (sem tradução para o português).

REFERÊNCIAS:

226. INFOMONEY, 2021. Disponível em: <https://www.infomoney.com.br/mercados/b3-muda-metodologia-de-indice-de-sustentabilidade-e-permite-que-investidor-acompanhe-agenda-esg-de-empresas-na-bolsa/>. Acesso em: 10 de agosto de 2021.

227. FOLHA DE S.PAULO, 2021. Disponível em: https://www1.folha.uol.com.br/mercado/2021/06/minoria-das-empresas-segue-agenda-de-sustentabilidade-aponta-pesquisa.shtml

228. DELOITTE - *Purpose is everything - How brands that authentically lead with purpose are changing the nature of business today,* 2019. https://www2.deloitte.com/us/en/insights/topics/marketing-and-sales-operations/global-marketing-trends/2020/purpose-driven-companies.html

229. DELOITTE - *From me to we: The rise of the purpose-led brand.* 2018.https://www.accenture.com/us-en/insights/strategy/brand-purpose

230. PWC - *Getting serious about diversity and inclusion as part of your ESG reporting.* https://www.pwc.com/us/en/services/audit-assurance/library/diversity-equity-inclusion-reporting.html

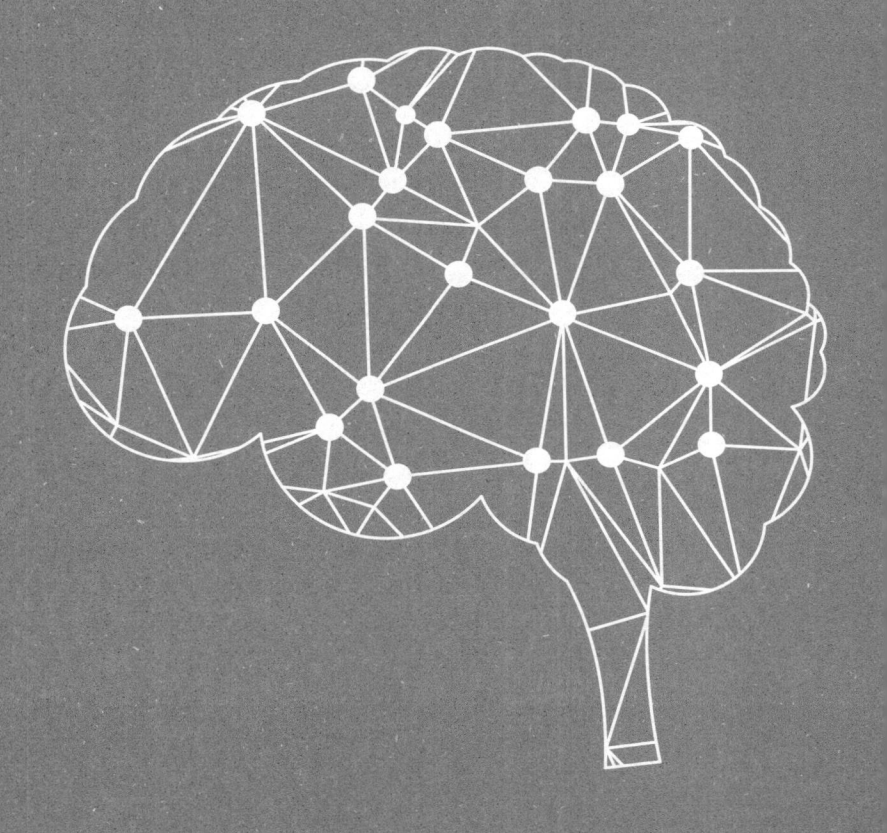

PARTE 4:
AGIR

CAPÍTULO 27:
A PRÁTICA

Como este material didático reduz
os vieses inconscientes na sua empresa

"Sua dissertação deveria virar um livro", sugeriu meu orientador do mestrado, o professor Gustavo Andrey Fernandes. Agradeço por esse conselho. Um ano depois de ouvir essas palavras, finalizo essa meta. Compartilhei aqui tudo o que aprendi nos últimos treze anos, na expectativa de que a descoberta dos vieses inconscientes transforme outras vidas, assim como transformou a minha.

Este livro foi além do que eu imaginava quando escrevi a primeira linha, e além do que estudei para escrever a dissertação. Mas eu não poderia concluí-lo sem trazer o estudo de caso que desenvolvi durante o mestrado e me levou a ganhar o prêmio de melhor dissertação da linha de Mestrado Profissional do ano de 2020 da FGV.

Este capítulo representa a teoria aplicada na prática. Se você chegou até aqui, imagino que já tenha trazido diversos vieses inconscientes e pensamentos escondidos para a consciência. Imagino também que agora exista informação dentro de você, além de energia para ser agente de transformação.

Obrigada por me acompanhar. Este livro agora pode impactar ainda mais pessoas por meio do estudo de caso que apresento na sequência. As próximas páginas trazem um roteiro para uma dinâmica de grupo em empresas, cujo objetivo é sensibilizar, conscientizar e reduzir os vieses inconscientes, crenças e estereótipos das pessoas participantes.

A maior parte dos exercícios aborda principalmente a equidade de gênero. Afinal, o objeto de estudo da minha dissertação era o impacto dos vieses inconscientes na carreira das mulheres. Neste livro, expandi o impacto dos vieses inconscientes para todos os grupos minorizados — mesmo assim, acredito que o estudo de caso seja uma importante ferramenta de descoberta e transformação.

Afinal, ao descobrirmos que tratamos homens e mulheres de forma diferente, nos abrimos para entender que também tratamos pessoas negras, LGBTQIA+, pessoas com deficiência e pessoas obesas de forma diferente.

Fiz pequenos ajustes no estudo de caso, apenas para reduzir a linguagem acadêmica e evitar repetir assuntos que já foram abordados nos capítulos anteriores do livro. Se você aplicar a dinâmica na sua empresa, adoraria saber como foi o resultado. Você pode me contatar pelo site da CZK (ckzdiversidade.com.br), pelo e-mail contato@ckzdiversidade.com.br ou pelo Instagram (@ckz_diversidade). Agora, mãos à obra?

DESCONSTRUINDO OS SEUS VIESES INCONSCIENTES COM SEIS PASSOS

Antes de estendermos esse conhecimento para outras pessoas da empresa, preparei este guia para resumir o que vimos nos capítulos anteriores. Se olharmos apenas para este passo a passo sem ler o livro, fica difícil levar para a prática. Mas agora cada item trará a lembrança de toda a teoria já apresentada.

- **1º passo:** reconheça que você tem viés. Para descobrir quais são eles, faça o Teste de Associação Implícita de Harvard.
- **2º passo:** depois de conhecer os seus próprios preconceitos inconscientes, o método mais eficaz para reduzir o preconceito é o contato com pessoas do grupo que você tem mais viés. Esse contato é crucial para o desenvolvimento de opiniões positivas sobre essas pessoas. Ele pode acontecer por meio da sua participação no comitê de Diversidade e Inclusão, na Semana de D&I e em rodas de conversa que tenham pessoas da própria empresa compartilhando suas histórias. Busque também referências novas em livros, redes sociais e séries.
- **3º passo:** antes de julgar alguém, faça uma substituição mental para ver se aplicaria o mesmo julgamento para alguém que você gosta muito. Lembre-se de que confiamos mais e somos menos críticos ou

críticas quando gostamos da pessoa. No entanto, quando não gostamos, o julgamento crítico vai às alturas.

- **4º passo:** identifique a origem dos seus pensamentos. Busque qual associação mental você está fazendo, seja ela positiva ou negativa. Será que é a fisionomia, a voz, a expressão, os gestos, o perfume?
- **5º passo:** saia do piloto automático e procure ficar na consciência. Classificar é um dos processos do sistema inconsciente, e nós fazemos isso o tempo todo. Preste atenção sempre.
- **6º passo:** conecte-se emocionalmente com o tema. É exatamente isso que faremos com o estudo de caso e com os depoimentos que virão nos últimos capítulos do livro.

DESCONSTRUINDO OS VIESES INCONSCIENTES EM PROCESSOS IMPORTANTES DA EMPRESA

Para combater o viés nos processos de seleção, preste atenção às informações encaminhadas pelo seu cérebro. Faça anotações detalhadas e verifique os alertas positivos e negativos. Identifique se você deu mais pontos positivos para a pessoa com a qual percebeu mais afinidade.

Para ter um processo de contratação neutro e não tendencioso, utilize um roteiro de entrevistas com as mesmas perguntas, na mesma ordem para todas as pessoas.

Para mitigar os vieses individuais, é imprescindível compor um comitê entrevistador com diversidade de pessoas. Uma sugestão é que todas as pessoas do comitê escrevam as suas opiniões individuais e enviem imediatamente após o término da entrevista. Em seguida, o grupo se reúne para analisar de forma imparcial as informações e, em conjunto, decidir quem será a pessoa escolhida.

A omissão de dados do currículo, como o nome, idade, cidade, endereço, faculdade, também ajuda a reduzir os vieses, garantindo que a seleção aconteça com base nas habilidades, experiências e competências comportamentais. É preciso sempre cuidar do processo de inclusão.

Uma lista final de candidatos e candidatas (*short list*) diversa faz toda a diferença. Quando o cérebro identifica que apenas uma pessoa é negra em um grupo de dez pessoas, por exemplo, ele tem a tendência de excluir essa pessoa, por percebê-la muito diferente do grupo.

Outro ponto importante é mapear a diversidade do time do gestor ou gestora antes da entrevista e apresentar quais diversidades faltam e poderiam complementar a equipe. Assim, a pessoa estará mais consciente durante o processo de entrevista.

A atenção continua depois que a pessoa for contratada, principalmente se ela for de um grupo minorizado. Ela está recebendo notas menores nas avaliações de desempenho? Tem menos promoções? Está participando dos projetos com maior ou menor visibilidade? O acompanhamento por parte da pessoa de *business partner* é vital.

Realize revisões periódicas de processos importantes, como a avaliação de desempenho, a calibração e a promoção. Antes dessas reuniões, prepare um material para relembrar as pessoas sobre os principais vieses inconscientes e seus impactos.

Esse momento é indispensável, uma vez que o processo inconsciente é tão profundo que leva a pessoa a acreditar que está sendo justa — assim, ela terá a oportunidade de perceber se a sua escolha está enviesada.

Para aumentar a representatividade de pessoas de grupos minorizados, defina metas de contratação, desenvolva um plano de sucessão para cargos de gestão e alta liderança, além de critérios claros para promoção.

Lembre-se que tratar o tema com empatia e comunicação não-violenta é fator-chave na desconstrução dos preconceitos arraigados, para que as pessoas não entrem no modo defensivo.

Para construir uma organização mais diversa, inclusiva e sustentável, é fundamental criar um ambiente de confiança para tratar do tema viés inconsciente.

DESCONSTRUINDO OS VIESES INCONSCIENTES DAS PESSOAS DA SUA EMPRESA COM A APLICAÇÃO DESTE ESTUDO DE CASO

Este caso de ensino elaborado para o mestrado relata uma situação fictícia na construtora Meirelles & Silva, que também é fictícia. Os nomes das pessoas foram escolhidos de maneira aleatória sem quaisquer relações com a realidade, embora a narrativa traga exemplos de experiências vividas por mim durante treinamentos e palestras, além de ter sido embasado em fundamentação teórica.

É importante ressaltar que entre 80% e 90% das nossas decisões são tomadas de maneira inconsciente, ou seja, se concentram no sistema automático e emocional do cérebro. Portanto, para que possamos ter mudanças comportamentais efetivas, precisamos trabalhar no nível inconsciente das pessoas[231].

E, para gerarmos uma mudança verdadeira, é necessário envolver emocionalmente as pessoas participantes[232] — e não apenas apresentar dados e números de pesquisas sobre os benefícios da diversidade, pois dessa forma acessaremos apenas o sistema racional do cérebro.

Como vimos, a oxitocina promove compreensão, conexão e empatia, tornando as pessoas mais generosas e confiantes, e está associada às emoções e aos comportamentos pró-sociais, como a confiança e a confiabilidade. Portanto, é importante gerar colaboração e confiança interpessoal para reduzir o nível de estresse nos grupos e aumentar os laços sociais e o nível de felicidade das pessoas.

Tinna Nielsen e Lisa Kepinski[233] criaram o conceito chamado *nudge*, que quer dizer um "empurrão da diversidade". O *nudge* é um gatilho mental não intrusivo cuja capacidade é modificar o comportamento das pessoas de maneira a melhorar a sua tomada de decisão.

Essa técnica permite que as pessoas tenham seus comportamentos alterados sem necessariamente convencê-las pela argumentação, mas, sim, por meio de incentivos.

O empurrão da diversidade também é eficaz para reduzir os vieses inconscientes, pois ajuda o cérebro a tomar decisões objetivas e promover comportamentos inclusivos.

Elas definiram três categorias diferentes para o empurrão da diversidade:

- O primeiro deles é o empurrão da necessidade, que faz com que o sistema inconsciente do cérebro sinta a necessidade por mudança, em vez de tentar convencê-lo através da racionalidade. Esse empurrão promove a responsabilidade e conformidade do indivíduo.

- O segundo tipo de empurrão é o de processo. Esse empurrão está diretamente ligado à tomada de decisão, com o objetivo de melhorar esse processo por meio de decisões mais objetivas e inclusivas, e consequentemente, menos tendenciosas. O objetivo primário do empurrão de processo é facilitar a inclusão por meio de alterações de processos organizacionais.
- O terceiro e último tipo de empurrão é o de enquadramento, cuja função principal é a de ajudar o cérebro a perceber a importância das questões relacionadas à diversidade e inclusão para preparar comportamentos inclusivos, culminando no aumento da diversidade dentro das corporações.

NARRATIVA DO CASO DE ENSINO

A história da Construtora Meirelles & Silva começa na década de 1990, após dois engenheiros recém-formados perceberem uma oportunidade de parceria. Um deles é Alfonso Meirelles, que seguia os passos de seu pai, Marcos Meirelles, também engenheiro e muito talentoso.

O pai de Marcos — avô de Alfonso — era um mestre de obra autônomo e iletrado, mas com grande vontade de trabalhar. Ele acordava às cinco horas da manhã, de segunda a sexta-feira, e partia para uma longa jornada de trabalho. Voltava para casa exausto, com a pele marcada pelo sol que tomava enquanto lançava alicerces das casas que ajudava a construir.

Os anos de experiência e o talento do pai de Marcos lhe garantiram uma boa renda, com a qual conseguiu pagar a tão sonhada faculdade de engenharia do filho.

Dentro de casa, Marcos cresceu vendo sua mãe se dedicando aos afazeres domésticos, deixando a casa em ordem e cozinhando as refeições todos os dias. O pai jamais permitiu que sua mulher trabalhasse. Ele orgulhava-se em dizer que era o provedor do lar. Em épocas difíceis, arranjava bicos para complementar a renda.

O exemplo do pai fez com que Marcos também sentisse o peso da responsabilidade. Logo após a formatura em engenharia civil, conseguiu um excelente emprego e se casou. Seu filho Alfonso nasceu pouco tempo depois.

Seguindo os passos de seu pai, Marcos se esforçou ao máximo para ser o provedor de sua nova família, pagando todas as despesas e compartilhando a conta bancária com sua mulher, que também não trabalhava fora.

O filho Alfonso passou a acreditar que deveria ser como o pai. Ele era o seu modelo. Desde pequeno, sentia que precisava se esforçar e ser excelente em tudo o que fazia.

Já na faculdade, Alfonso conheceu seu melhor amigo, Ricardo Silva. Ele era filho de um professor de matemática e de uma engenheira, de quem recebeu o estímulo para buscar a tão almejada carreira. Ricardo cresceu admirando a mãe e a sua dedicação em cada projeto.

Em uma das madrugadas debruçado nos livros de cálculo da faculdade, Ricardo ouviu os pais conversando. A mãe estava decepcionada. Ao conversar com um engenheiro recém-formado contratado para a obra em que ela trabalhava, descobriu que ganhavam quase o mesmo salário. Mas ela já tinha anos de experiência na área.

O pai tentava consolá-la, mas sem muito sucesso. Para ele, a situação era normal. A esposa deveria ser grata por já ter alcançado aquele patamar, em vez de reclamar sobre o salário do outro engenheiro.

Ricardo ficou indignado por ver que sua mãe, tão experiente e competente, ganhava o mesmo salário de um recém-formado. Esse sentimento de choque desempenharia um grande papel no futuro, embora ficasse adormecido durante muito tempo.

Logo após terminarem a faculdade, os amigos Ricardo e Alfonso abriram uma empresa batizada com o sobrenome dos dois engenheiros: a Construtora Meirelles & Silva. Os dois jovens apostaram todas as fichas nessa empreitada.

Começaram com pequenos projetos que foram trazendo notoriedade e, com o tempo, passaram a contratar mais funcionários. A Construtora Meirelles & Silva ficava cada vez maior e mais famosa.

Após duas décadas, a construtora que começara nos fundos da casa de Alfonso já era referência no país, com matriz em São Paulo e filiais em diversos Estados do Brasil. Ricardo e Alfonso seguiram como sócios-diretores da empresa e trabalhavam apenas nos projetos mais importantes.

Eles já haviam acumulado muitos recursos e viviam muito melhor do que sonhavam em 1990, quando abriram a empresa.

Uma única situação incomodava Ricardo. Ao andar pelos corredores da empresa, ele via o mesmo padrão dos tempos de faculdade: só havia homens liderando mais homens. As únicas três mulheres eram duas gerentes de engenharia e Vanessa, a diretora de recursos humanos.

Ricardo se lembrava de quando passava pelos corredores da escola de engenharia. Na sua sala, com cerca de noventa alunos, havia apenas homens. Nas outras salas, o número de mulheres era pequeno demais.

A média de alunas por turma era de duas ou três, chegando ao máximo de seis alunas em uma turma com cem estudantes. Parecia haver algo errado com aquele cenário, mas Ricardo não compreendia o motivo pelo qual aquilo acontecia. Só conseguia lembrar de sua mãe e daquela situação da madrugada.

A indignação de Ricardo aumentava à medida que via Alfonso desligado dessa situação. "Como ele não consegue enxergar essa discrepância aqui dentro?", Ricardo se perguntava. Enquanto isso, Alfonso começou a perceber que seu melhor amigo e parceiro estava impaciente durante as reuniões de diretoria. Decidiu preparar uma surpresa.

No dia seguinte, bem cedo, Alfonso pediu que Ricardo o encontrasse em sua sala. Ao chegar lá, Alfonso disse:

— Meu grande amigo, percebi que você anda estressado há algum tempo e quero ir direto ao ponto. Aqui está sua passagem para você participar deste grande evento sobre as melhores práticas e inovações para empresas, que acontece esta semana em Nova York. E o melhor: é um evento organizado por brasileiros!

Ricardo não sabia o que fazer. Ficou completamente sem reação. No entanto fazia semanas que pensava na maneira de contar o real motivo de estar daquele jeito.

— Alfonso, primeiramente, quero te agradecer. Mas tem uma coisa que quero conversar...

— Nem mais uma palavra — respondeu Alfonso. — Sei de sua dedicação para esta empresa desde o dia em que a abrimos, juntos. Você merece isso, Ricardo. Finalmente estamos ganhando destaque fora do Brasil!

Sua inscrição já está feita, pois sei que você gosta dessas coisas. Vá. E não precisa agradecer.

Ricardo deu um forte abraço em seu amigo e foi para casa. Fez as malas e, no dia seguinte, embarcou para Nova York.

Durante todos os dias do evento, ele pensou em como teria essa conversa com seu sócio. Alfonso provavelmente não daria ouvidos e diria: "Deixe de besteira, Ricardo. As coisas sempre foram assim. Nossa empresa está dando resultado". Ricardo sabia que precisava embasar seu argumento em dados e fatos — só não sabia onde encontrar isso.

No último dia do evento, ele notou um pequeno *banner* com os dizeres "Diversidade & Inclusão nas empresas: a estratégia para aumentar a performance e a inovação".

Sem pensar duas vezes, Ricardo entrou na sala onde a palestra havia acabado de começar. Pegou seu caderno de anotações e tomou nota de tudo o que achava importante. Ele percebeu que o número de participantes era relativamente pequeno. Poucas pessoas se interessavam pelo tema.

A palestrante falou sobre diversidade na liderança, equidade de gênero, cultura inclusiva, viés de gênero, estereótipos, crenças e vieses inconscientes. Foi nesse último ponto que Ricardo começou a descobrir quais eram os vilões por trás da situação de sua empresa.

Quando a palestra terminou, Ricardo foi o primeiro a falar com a especialista, que se chamava Luanny. Ele contou sobre a situação da sua empresa e a dificuldade de falar com o sócio sobre ter mais mulheres na empresa.

— Vejo dentro da minha própria empresa tudo o que você disse agora na palestra — disse Ricardo. — Apesar de ter bons resultados, sinto falta de inovação. Acho que poderíamos avançar mais se tivéssemos mais mulheres, equidade de gênero e diversidade na liderança.

— Sim, com certeza — Luanny respondeu. — Contudo, se você realmente quiser trabalhar a diversidade na sua empresa, o primeiro passo é conscientizar seu sócio e os demais líderes. Sem o apoio e a compreensão deles, as chances de implementar um programa de diversidade são muito pequenas.

Ricardo sabia que isso seria o mais difícil. Alfonso era seu sócio. Os dois haviam começado a empresa do zero. Seria um desafio transformar a maneira de Alfonso pensar.

— Na verdade, esse foi um dos pontos que tomei nota e grifei em minhas anotações — contou Ricardo. — Ficou claro que o estímulo precisa vir do topo. Mas, no meu caso, o topo é o meu melhor amigo e sócio. Ele sempre foi muito resistente a mudanças.

— É por isso que o primeiro passo é a conscientização — seguiu Luanny. — Não podemos mudar se não soubermos onde está o problema. No caso da diversidade, o problema é ainda mais sutil, pois muitas vezes ocorre de maneira inconsciente. É o que chamamos de viés inconsciente. É importante enfatizar que todo mundo precisa lidar com ele. Não tem ninguém isento. Você sabia que a maioria esmagadora das decisões que tomamos são tomadas de maneira completamente inconsciente?

— Como assim são inconscientes? — estranhou Ricardo. — Você está dizendo que não penso de modo consciente quando tomo uma decisão? Não posso acreditar!

— A maioria das tomadas de decisão são inconscientes — ela assegurou. — Por exemplo: imagine que está tocando uma música na seção de vinhos do supermercado. Só por conta disso, as chances de você comprar um vinho italiano são bem maiores do que a de comprar um vinho de outro país. É claro que os mercados utilizam essa estratégia para vender o vinho desejado, mas você não está consciente disso.

— Tudo bem, confesso que isso nunca passaria pela minha cabeça. Mas ainda não consigo ver o impacto do inconsciente dentro da minha empresa, muito menos na questão do pequeno número de mulheres em cargos de gestão e liderança.

— Isso tem tudo a ver com o fato de as mulheres terem baixa representatividade em cargos de liderança — explicou Luanny. — O poder do cérebro inconsciente, aliado aos estereótipos, crenças e pressupostos que vamos adquirindo durante toda a nossa vida, dita a maneira pela qual vemos o mundo à nossa volta. Se você duvida disso, façamos juntos uma rápida reflexão. Vou lhe fazer uma pergunta simples e gostaria que você me respondesse com a primeira imagem que vier à sua mente.

— Muito bem. Pode perguntar o que quiser.

— Descreva a figura de uma pessoa com o cargo de presidente de uma grande empresa multinacional. Descreva como essa pessoa se veste e como ela se sente, sabendo que já alcançou o maior patamar possível no seu segmento de mercado.

— Ah! Essa é fácil demais — respondeu Ricardo. — Ele é um homem confiante, que inspira confiança nas outras pessoas. Seu escritório fica em um prédio alto em Nova York, com uma bela vista do Central Park. Ele usa um terno refinado e tem um belo relógio no pulso. Tudo isso demonstra o sucesso que alcançou. Além disso, ele dirige um carro potente, que pagou à vista, pois dinheiro não é um problema. Ele sabe que...

— Ok — interrompeu Luanny. — Qual é o gênero da pessoa que você descreveu? Você descreveu um homem, não é? Não sei se reparou, mas usou o pronome masculino "ele" quatro vezes e usaria mais vezes caso eu não tivesse interrompido. Você jamais pensaria em uma mulher, não é mesmo?

As palavras de Luanny ecoavam na mente de Ricardo. Por algum motivo, lembrou-se de sua mãe. Lembrou-se do quanto ela era boa no que fazia, mas nunca alcançava cargos de liderança na empresa. A ficha havia caído. Ricardo não sabia onde enfiar a cara. Sentia-se envergonhado.

— Nossa... é verdade. Não tenho mais palavras... Estou chocado. A imagem de uma mulher no cargo de presidente de sucesso sequer passou pela minha cabeça. Várias memórias estão voltando. Talvez por isso havia um número tão pequeno de mulheres que estudavam engenharia. E provavelmente é por isso que minha mãe nunca conseguia subir de cargo na empresa.

— Acredite se quiser — respondeu Luanny. — Fico feliz com a sua reação, pois você acaba de dar o primeiro passo em prol da diversidade de gênero. E em relação às mulheres na área de ciências exatas, como matemática, engenharia, física, ciências e por aí vai, isso acontece porque meninas escutam desde pequenas que não pertencem a essas áreas. Que engenharia, por exemplo, é coisa de homem. Além disso, a maioria das referências de destaque dos matemáticos, químicos, físicos e cientistas é masculina. Esses fatos acabam criando na mente das meninas, de forma inconsciente, que elas não pertencem a essas áreas, o que cria esse tipo de estereótipo. É por isso que temos tão poucas mulheres nessas áreas. E poucas contratações nas empresas, pois acreditamos que os homens estejam mais preparados para essas áreas majoritariamente masculinas.

— Agora ficou claro para mim — disse Ricardo. — Eu gostaria muito de levar esses conhecimentos para a minha empresa. Tenho certeza de que você é a pessoa certa para me ajudar. Nossa matriz está localizada em São Paulo, mas estamos inaugurando uma filial no Rio de Janeiro. Haverá uma reunião com toda a diretoria da empresa — meu sócio, eu e oito diretores, sendo sete homens e uma mulher —, para decidirmos as estratégias de gestão deste ano. Mas a diversidade e a inclusão precisarão ser uma pauta dessa reunião.

— Será uma honra e um prazer participar dessa reunião na sua empresa — disse Luanny. — Como costumo dizer, minha paixão maior é transformar pessoas e organizações. Pode contar comigo. Aqui está o meu cartão. Espero seu contato em breve!

— Muito obrigado pela palestra e por todo o conhecimento que você me proporcionou. Gostei muito da nossa conversa e sei que temos um futuro brilhante pela frente. Entrarei em contato em breve. Até logo.

No dia seguinte, Ricardo estava partindo para São Paulo. Assim que chegou, escreveu para Alfonso, dizendo que queria conversar na segunda-feira de manhã.

De volta ao escritório, Alfonso perguntou sobre o evento. Ricardo aproveitou para contar sobre a palestra da Luanny, a especialista em diversidade e inclusão.

— Diversidade e inclusão? — questionou Alfonso. — Que conversa é essa, Ricardo?

— É um dos assuntos fundamentais para as empresas nos dias de hoje, meu amigo. As grandes multinacionais estão tratando do tema por trazer mais resultado e inovação para as corporações.

— É mesmo? Pois eu nunca ouvi falar disso — retrucou Alfonso em um tom debochado. — Se fosse tão bom como você está falando, com certeza já teríamos visto em algum evento de engenharia do Brasil ou em alguma empresa brasileira de sucesso.

— Concordo com você sobre o fato de as empresas brasileiras ainda não darem muita atenção ao tema — comentou Ricardo. — Mas fiz um levantamento e as empresas multinacionais estabelecidas no Brasil estão trabalhando o tema fortemente. Por exemplo: todos os colaboradores do

Google têm um treinamento de conscientização sobre viés inconsciente, além de um programa de Valorização da Diversidade & Inclusão. Uma empresa brasileira que se destaca nesse tema é a Natura, que desenvolveu um plano especial para atingir a equidade de gênero. Ela quer chegar a 50% de mulheres em seus cargos de liderança, ter 100% de equidade salarial entre homens e mulheres, e, além disso, já implementou a licença-paternidade de 40 dias remunerada para os homens.

Como Alfonso ficou em silêncio, Ricardo continuou:

— Já que você tocou no assunto do nosso ramo e da faculdade, gostaria de te perguntar algumas coisas básicas.

Alfonso estava ficando desconfortável com aquela conversa. Contudo Ricardo criou coragem e continuou falando:

— Primeiramente, sobre os tempos da faculdade. Você consegue se lembrar de como as nossas turmas eram formadas? Nunca notou algo de estranho quanto a isso?

— Ricardo, nossas turmas eram iguais a todas as outras — disse Alfonso. — Cheias de garotos que sonhavam em um dia se tornarem engenheiros. Algum problema nisso?

— Com o fato de sonharem em se tornar engenheiros, não. Claro que não. Mas o fato de só ter garotos na sala de aula não acende nenhuma lâmpada na sua mente? Por que será que havia um número tão pequeno de meninas estudando engenharia?

— Porque engenharia é coisa para homens, Ricardo. Todo mundo sabe disso. As mulheres simplesmente não levam jeito para essas coisas. Por isso poucas decidem se aventurar por esse caminho. As coisas sempre foram desse jeito.

Ricardo não acreditava no que ouvira. Por alguns segundos, ficou sem reação. Não sabia que seu melhor amigo pensava dessa maneira. Apesar disso, algumas coisas começaram a se encaixar. Existia um motivo para haver poucas mulheres trabalhando na Construtora Meirelles & Silva, principalmente em cargos de liderança.

— Alfonso, pense bem no que você acabou de falar. Quem foi que disse que as mulheres não levam jeito para engenharia? Você acredita que os homens são mais capazes do que as mulheres?

— Mas é claro que não! — esbravejou Alfonso. — Na verdade, apenas acho que os homens são mais racionais, assertivos, corajosos e fortes do que as mulheres. Tive esse modelo durante toda minha vida, dentro da minha casa.

— Mas esse é o ponto, meu amigo. Não é porque você viu isso a sua vida toda que esse fato é verdadeiro. Estou tentando fazer com que você entenda aquilo que está por trás desse pensamento. Conheço sua história. Sei que seu pai e avô trabalharam duro a vida toda, provendo a sua família. Sei que sua mãe e sua avó nunca trabalharam fora, da mesma maneira que sua esposa não precisa trabalhar, pois você é o provedor na sua casa, certo?

— Exatamente — concordou Alfonso. — E está tudo indo muito bem dessa maneira. Meu avô fez isso, meu pai fez isso e tudo deu certo para eles. Continuo no mesmo caminho e, até o momento, não tenho do que reclamar, nem minha esposa e nem minha filha.

— Pois muito bem. Sua filha está com quinze anos, não é?

— Sim, é isso mesmo — respondeu Alfonso. — Mas o que ela tem a ver com essa conversa?

Ricardo conhecia Beatriz, a filha de seu melhor amigo. Ele fora padrinho de casamento dele, as duas famílias sempre viajavam juntas. Ele sabia que Beatriz tinha grande aptidão para matemática, física e química. Ela se destacava na área de exatas. Foi aí que encontrou a maneira de abrir os olhos de Alfonso.

— Ela tem tudo a ver com a conversa, por mais que você não esteja consciente disso ainda. Beatriz vai muito bem em matemática, não é?

— Sim, é a melhor da turma. E não só em matemática, como também em física e química. Ela sempre ganha os campeonatos na escola e ajuda os colegas com dificuldade nessas matérias.

Alfonso se orgulhava muito da filha, pois ele também sempre teve aptidão para essas matérias. Ele gostava de dizer que Beatriz herdara isso dele. Mas Alfonso prosseguiu:

— Ainda não entendi a relação disso com todo esse papo de diversidade e inclusão, engenharia e a época da faculdade.

— Você vai entender agora. Quando Beatriz estiver pronta para entrar na faculdade e lhe disser que quer ser engenheira, você dirá que ela não leva jeito para exatas? Ou dirá que isso não é coisa para mulheres?

As últimas palavras de Ricardo soaram como uma explosão. Por um breve momento, Alfonso hesitou. Era como se sua mente tivesse entrado em colapso e voltado para a realidade. Ricardo sabia que havia dado o "xeque-mate". Como Alfonso ficara sem reação, Ricardo continuou:

— Tenho certeza de que não diria isso, não é mesmo? Agora imagine quantas vezes escolhemos um engenheiro no lugar de uma engenheira somente pelas crenças, estereótipos e pressupostos que formamos ao longo da vida. Isso é o que os especialistas chamam de viés inconsciente.

Alfonso entendera. Meio sem jeito, foi direto ao ponto:

— Viés do quê? Onde você aprendeu essas coisas? Ou melhor: com quem aprendeu isso?

— O nome é viés inconsciente. Aprendi isso durante o evento nos Estados Unidos. Conheci uma especialista no tema, chamada Luanny. Assim como você, fiquei chocado com uma resposta que dei a uma pergunta que ela me fez. Gostaria muito que a especialista participasse da reunião de diretoria. Ela poderá tirar as nossas dúvidas e explicar mais a fundo a questão da diversidade e inclusão.

— Muito bem, Ricardo. Chame a especialista. Confesso que, quando começamos essa conversa, pensei em dizer que esse papo de diversidade era besteira, mas você me convenceu. Não gostaria que minha filha não fosse contratada por uma construtora só pelo fato de ser mulher. Aliás, não desejo isso para a filha de ninguém.

— Fico muito feliz com a sua decisão. Sei que isso será um passo importante para o futuro da nossa empresa. Vou convidá-la para fazer parte da reunião de diretoria.

Ricardo contou para Luanny como tinha sido a conversa com Alfonso e disse que estava muito otimista com a reunião.

— Fico muito feliz de participar dessa reunião — respondeu Luanny. — Principalmente por saber que tanto seu sócio como você já abraçaram a causa da diversidade e inclusão. Porém saiba que conscientizar os outros líderes não será tarefa fácil. Você e seu sócio precisarão dar o exemplo e se posicionar. Assim, os demais líderes entendem que esse tema agora é prioridade na construtora Meirelles & Silva. Lembre-se de que a iniciativa deve partir do topo. Gostaria de conversar com a Vanessa, sua diretora de RH, para solicitar algumas informações sobre a empresa.

O dia da reunião finalmente chegou. Alfonso e Ricardo foram os primeiros a chegar na sala, seguidos por sete diretores, todos homens brancos. Em sua maioria, eram engenheiros ou administradores e vestiam ternos semelhantes. As idades também eram próximas. A diretora de RH, Vanessa, também foi convocada.

Quando Luanny entrou na sala, todos, com exceção de Alfonso e Ricardo, olharam surpresos enquanto a especialista tomava o seu lugar, no fim da grande mesa de reunião. Alguns falavam baixinho: "Quem é essa mulher e o que ela está fazendo aqui?" Os líderes não estavam habituados a verem uma mulher — que não fosse uma secretária ou a diretora de RH para tomar notas — participar de reuniões tão importantes quanto aquela.

Ricardo deu boas-vindas a todos e apresentou Luanny. Em seguida, passou a palavra para Alfonso, que começou a tratar de negócios. O tópico era a promoção de um funcionário para assumir a gerência da nova filial. Alfonso perguntou quem eles acreditavam ser a pessoa mais preparada.

Gregório, um dos líderes da área de gestão de projetos, recomendou um candidato de sua equipe, chamado Henrique. Ele era competente no que fazia, mostrara bons resultados em projetos anteriores e, acima de tudo, concluíra seu mestrado na mesma instituição em que Gregório havia estudado. Eles também jogavam tênis juntos duas vezes por semana e participavam do *happy hour* às quintas-feiras, mas Gregório não comentou esse fato.

Fernando, outro líder, também indicou um homem, embora tenha comentado sobre uma mulher. Contudo, ao se referir à candidata, chamada Bárbara, disse que ela era competente, mas muito mandona e agressiva. Nas reuniões em que ela participava, sempre tinha que dar a última palavra. Por conta disso, Fernando indicava Mauro para essa posição. Ele era mais fácil de trabalhar.

Um dos líderes mais recentes na empresa, Cássio, sugeriu Rosângela para o cargo. Ela era uma excelente funcionária, uma mulher negra, que se destacava por seu conhecimento, pela proatividade e por excelentes resultados. Contudo se formara em uma universidade que, de acordo com os outros líderes, não era de primeira linha. Foi rapidamente deixada de lado.

O líder Rogério indicou um jovem talento chamado Enzo. Apesar da idade, ele era muito inteligente e proativo. "Quem olha para ele não diz que tem apenas 27 anos de idade", disse Rogério. "Ele aparenta ter muito mais. Apesar de não ter muita experiência, tem um grande futuro pela frente. É um líder nato!"

Rogério tinha cogitado Fernanda, uma mulher de 30 anos de idade, mas o consenso dos líderes foi que ela ainda não estava preparada para assumir uma posição de liderança, apesar de ter três anos a mais de experiência profissional que Enzo.

Ernesto, um dos líderes mais antigos na construtora Meirelles & Silva e grande amigo de Ricardo e Alfonso, tinha uma boa candidata para sugestão. Começou tecendo diversos elogios a Daniela, mas se deu conta que ela havia retornado de licença-maternidade seis meses atrás. "A Daniela tem todas as competências para esse cargo, mas terá muito com o que se preocupar daqui para frente", disse Ernesto. "Cuidar de recém-nascido não é fácil. Melhor escolhermos outro candidato."

Ao perceber a quantidade de restrições para as mulheres candidatas, Ricardo pediu para falar:

— Gostaria de pedir que a Luanny, especialista em diversidade, inclusão e viés inconsciente, nos falasse sobre a suas percepções até o momento.

— Quero começar mostrando uma foto dos funcionários que vocês têm aqui na Construtora Meirelles & Silva. Nessas fotos, tanto homens como mulheres estão juntos. Ao todo, vemos 74 pessoas. Quantas dessas pessoas vocês conhecem?

Os líderes conheciam a maioria das pessoas nas fotos e diziam os nomes da maioria dos homens, até que o próximo *slide* chegou. O *slide* mostrava as poucas mulheres que trabalhavam na empresa. Novamente, a especialista perguntou:

— E agora, quantas pessoas vocês conhecem?

VIÉS INCONSCIENTE

Para a surpresa de todos os líderes, mas não da especialista, apenas algumas eram conhecidas pelos líderes. A constatação gerou certo constrangimento. A especialista prosseguiu:

— É interessante notar que vocês conhecem tão poucas funcionárias. Aproveitando a oportunidade, solicitei à diretora de RH que me mostrasse o *pipeline* da empresa com a quantidade de homens e mulheres que trabalham aqui na Construtora Meirelles & Silva. Quase não há mulheres em cargos de liderança, apenas a Vanessa. No entanto é comum ver mulheres como diretoras de RH, pois o nosso inconsciente associa mulheres com cuidadoras e relacionais. O fato de termos a Vanessa em posição de liderança, por mais que seja algo bom, reforça o viés inconsciente. Vanessa, você pode por favor nos apresentar o *pipeline* por gênero da empresa?

— Boa tarde, Luanny e senhores — disse Vanessa. — Vou projetar na tela o nosso *pipeline* corporativo para que todos possam acompanhar. A tabela 1 representa o *pipeline* corporativo por gênero que mostra a quantidade de homens e mulheres por nível hierárquico.

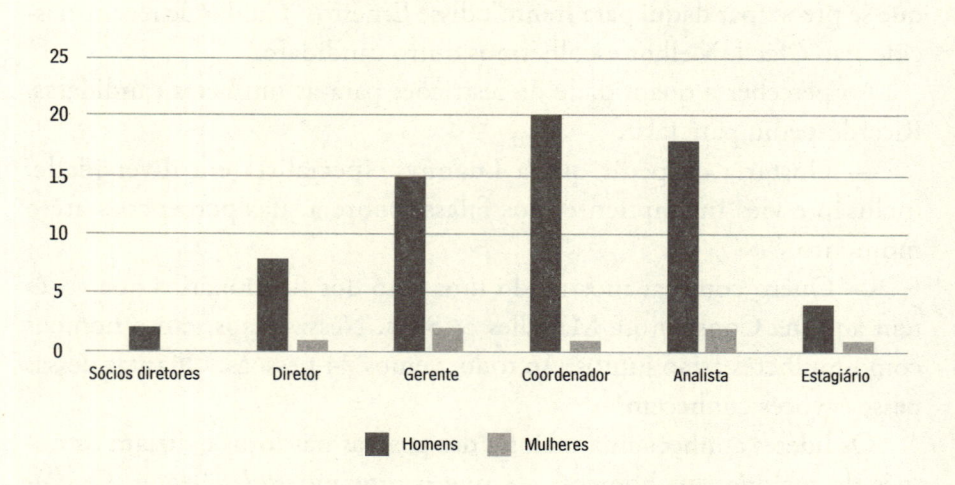

Tabela 1: Pipeline corporativo por gênero

	Homens	Mulheres
Sócios diretores	2	0
Diretor	8	1
Gerente	15	2
Coordenador	20	1
Analista	18	2
Estagiário	4	1

— A tabela 2 tem os números absolutos e os percentuais de homens e mulheres. Como podemos constatar, temos 74 colaboradores, sendo apenas sete mulheres. Em percentual, não atinge 10%.

Cargos	Homens	% Homens	Mulheres	% Mulheres	Total
Sócios diretores	2	100,00%	0	0,00%	2
Diretor	8	88,89%	1	11,11%	9
Gerente	15	88,24%	2	11,76%	17
Coordenador	20	95,24%	1	4,76%	21
Analista	18	90,00%	2	10,00%	20
Estagiário	4	80,00%	1	20,00%	5
Total	67	90,54%	7	9,46%	74

— A tabela 3 tem um recorte das mulheres por raça, compreendendo quatro mulheres brancas, uma mulher negra e duas mulheres amarelas.

Cargos	Mulheres brancas	Mulheres negras	Mulheres amarelas	Total
Sócios diretores	0	0	0	0
Diretor	1	0	0	1
Gerente	1	1	0	2
Coordenador	1	0	0	1
Analista	1	0	1	2
Estagiário	0	0	1	1
Total	4	1	2	7

— Não temos uma tabela com mulheres com deficiência, pois não temos nenhum colaborador ou colaboradora com deficiência, apesar de já termos mais de cinquenta colaboradores. Por lei, deveríamos ter pelo menos uma pessoa com deficiência. Em relação à diversidade de pessoas LGBTQIA+, nunca fizemos um censo de diversidade e inclusão na empresa. E acredito que, com todas as piadas preconceituosas, seria difícil as pessoas se identificarem.

Luanny retomou a palavra:

— Gostaria também de voltar em algumas das falas que vocês trouxeram durante a reunião sobre a promoção de uma pessoa para assumir a liderança na nova filial. Primeiramente, gostaria de constatar algo óbvio. Olhem para essa sala. Estamos em uma reunião com as pessoas mais importantes dessa empresa e há apenas uma mulher. Vocês sabiam que a diversidade de gênero implica em diversidade de ideias e pensamentos, o que gera decisões melhores? Além disso, pesquisas mostram melhor desempenho financeiro nas empresas que têm uma liderança diversa.

Enquanto Luanny construía sua argumentação, os líderes tinham reações variadas. Alguns demonstravam interesse, enquanto outros reviraram os olhos em sinal de tédio e desprezo. A especialista prosseguiu:

— Gostaria de analisar algumas falas de vocês em relação à pessoa a ser promovida. Embora a maioria tenha citado apenas candidatos homens, alguns de vocês cogitaram boas candidatas. Entretanto cada uma delas foi descartada por motivos que, aparentemente, soam legítimos para os seus ouvidos, mas que, na verdade, estão repletos de estereótipos, preconceitos e pressupostos sobre as mulheres.

Luanny começou a dar exemplos:

— A primeira candidata citada foi a Bárbara. Vocês chegaram à conclusão de que, apesar de seu talento e competência, ela era muito "mandona e agressiva". Esse é um tipo de viés inconsciente muito comum, o viés de comportamento, que é a tendência a criar um padrão de comportamento para cada pessoa. Quando a pessoa sai do padrão, ela é julgada. Esperamos que as mulheres sejam submissas e mansas. Quando elas agem da mesma maneira que um homem agiria, com assertividade e liderança, pensamos que elas são agressivas e mandonas, exatamente como vocês disseram. Quando um homem faz isso, nós o aplaudimos. Esse viés basicamente penaliza as mulheres por serem assertivas e mostrarem características inatas de liderança. Reforço: a verdade é que nós nunca esperamos que as mulheres tenham essas características de liderança, porque a imagem que temos é que elas devem ser delicadas e gentis. Também temos uma forte tendência de associarmos a liderança aos homens.

Luanny passou para a candidata Fernanda:

— Essa candidata foi descartada, mesmo tendo três anos de experiência a mais que o candidato sugerido. Na verdade, o candidato foi escolhido com base no seu potencial futuro. Isso é o que chamamos de viés de desempenho. Geralmente, homens são contratados ou promovidos com base em seu potencial para alcançar grandes coisas. Já as mulheres passam pelo processo com base no que já conquistaram, o que impede que muitas delas cheguem a cargos de alta liderança.

A candidata Daniela também despertava outro viés inconsciente:

— Agora chegamos num dos vieses mais comuns e mais destrutivos para as carreiras das mulheres — disse Luanny. — O viés de maternidade. Como apenas as mulheres podem dar à luz, gestores e líderes automaticamente pensam que mães não poderão mais se dedicar ao trabalho, ou não vão querer aceitar uma tarefa mais desafiadora no trabalho, simplesmente por terem um bebê. Na verdade, fazem suposições sem perguntar se elas gostariam ou não de assumir uma tarefa desafiadora. Uma pesquisa realizada por pesquisadores da FGV em 2019 apontou que 56% das mulheres que voltam da licença-maternidade são demitidas no primeiro ano de retorno. Isso acontece porque ainda apontamos as mulheres como as únicas responsáveis pela criação dos filhos e pelos cuidados da casa, como se os pais não precisassem compartilhar esses cuidados.

Em seguida, Luanny falou sobre Rosângela:

— Essa foi a única candidata negra citada, mas foi descartada por não ser formada em uma universidade famosa. Automaticamente pensamos que a faculdade determina o potencial e a competência de uma pessoa, mas isso não é verdade. Existem diversos colaboradores que não se formaram nas melhores universidades, unicamente por não terem tido oportunidade. No entanto essas pessoas têm força de vontade e resiliência. A Rosângela é a prova de que esse viés é um dos piores, pois ela é uma excelente profissional, como vocês mesmos disseram. É muito importante olharmos a interseccionalidade. Os vieses inconscientes têm um impacto mais negativo ainda quando estamos lidando com dois preconceitos inconscientes: gênero e raça.

— Por fim, preciso comentar o caso do primeiro candidato que foi sugerido, o Henrique. Apesar de seus talentos, o líder falou com muita empolgação sobre o fato de Henrique ter estudado na mesma instituição que ele. Por mais que não tenhamos nenhuma mulher citada aqui, isso é o que chamamos de viés de afinidade, e pode acontecer com homens também. Somos atraídos por tudo o que é semelhante a nós. Com base nas afinidades de gênero, *hobby*, faculdade, entre outros, realizamos as nossas escolhas. O diferencial para o candidato sugerido não foram os seus talentos, mas, sim, o fato de ter cursado o mesmo curso na mesma instituição. Aqui vai uma estatística para vocês: sabiam que existem mais presidentes de empresas chamados John nos Estados Unidos do que mulheres presidentes? Novamente, isso acontece porque quando um presidente chamado John entrevista outro John, e vê que essa pessoa é parecida com ele, a contratação fica mais fácil. O padrão aqui na Construtora Meirelles & Silva é o mesmo.

Após conseguir a atenção de todos, Luanny encerrou sua explicação:

— Caros líderes, sei que isso tudo é novo para vocês. Também sei que vocês não tomam essas decisões por serem líderes ruins. Na maioria das vezes, isso acontece de maneira inconsciente, com base em nossas crenças culturais, estereótipos, preconceitos e pressupostos que vamos construindo ao longo da vida sobre determinados grupos de pessoas. No entanto vocês puderam perceber o impacto negativo que esses vieses inconscientes têm na carreira das mulheres.

Alfonso se levantou, juntamente com Ricardo, e explicou para todos os líderes como a questão da diversidade e inclusão se tornaria uma das principais prioridades para a Construtora Meirelles & Silva dali para frente. Começando pela matriz, o trabalho de diversidade de gênero e viés inconsciente já tinha data marcada para começar. Na próxima semana, os líderes passariam por um treinamento de vieses inconscientes. Todos deveriam fazer o Teste de Associação Implícita de Harvard na categoria gênero e raça, para que pudessem testar seus vieses inconscientes.

Em alguns meses, as mudanças na Construtora Meirelles & Silva já podiam ser vistas. O número de mulheres em cargos de liderança estava aumentando e a conscientização dos líderes já tinha gerado um belo fruto: a candidata Bárbara foi promovida a gerente da nova filial, e acabou se tornando um exemplo para as novas funcionárias. Além disso, Rosângela foi promovida a um cargo de liderança, sendo a primeira mulher negra da empresa a alcançar esse patamar. O *pipeline* corporativo aos poucos se mostrava mais diverso, e o ambiente diverso começava a produzir inovação e retorno financeiro.

Isso tudo foi apenas o começo, pois ainda havia muito trabalho a ser feito. Os diretores estabeleceram um comitê de Diversidade & Inclusão para dar sequência ao Plano de Ação de Diversidade e Inclusão. O comitê de Diversidade & Inclusão passou a agir em todas as esferas dentro da Construtora Meirelles & Silva, estabelecendo um comitê entrevistador para reduzir os vieses inconscientes e ser pioneiro nos temas diversidade e inclusão nas empresas brasileiras.

Você agora também faz parte do comitê de Diversidade & Inclusão. A primeira reunião do grupo está agendada para a semana que vem. Já temos bastante trabalho pela frente. Esperamos por você!

ATIVIDADE PRÉVIA A SER REALIZADA ANTES DA APLICAÇÃO DO CASO DE ENSINO

Como trabalho prévio, as pessoas participantes e a pessoa responsável por moderar o caso devem realizar as seguintes tarefas:

1) Ler o Caso de Ensino "Construtora Meirelles & Silva".

2) Realizar o Teste de Associação Implícita na categoria gênero e cor de pele que está disponível em português no link: https://implicit.harvard.edu/implicit/brazil/takeatest.html

O Teste mede o nível do viés inconsciente e as associações estereotipadas. O resultado revelado ao final deve ser impresso ou anotado em uma folha de papel, para que a pessoa possa compartilhar com o grupo.

3) Refletir sobre as seguintes questões pessoais e profissionais:
- Como foi realizar o Teste de Associação Implícita? Qual foi o seu sentimento?
- Você percebe os seus vieses se manifestando no seu trabalho?
- Como é trabalhar com pessoas diversas?
- Como podemos reduzir os vieses inconscientes dos líderes e gestores

da construtora Meirelles & Silva para aumentar o número de mulheres?
- Quais podem ser os maiores desafios e as principais barreiras para a diversidade de gênero e de raça acontecer na construtora Meirelles & Silva e como superá-los?

MATERIAL DIDÁTICO E MONTAGEM DA SALA PARA APLICAÇÃO DO CASO

A sala precisa ter os seguintes equipamentos e materiais: projetor, *laptop*, sonorização, *flipchart* ou cartolina, lousa e canetas para lousa.

A sala deve acomodar 20 pessoas. No primeiro momento, serão quatro mesas de trabalho com cinco pessoas por mesa. No segundo momento, serão três mesas de trabalho com seis a sete pessoas por mesa.

Para as dinâmicas, serão necessários: canetas coloridas, canetas esferográficas, etiquetas em branco, papel impresso da Dinâmica dos Vieses de Afinidade e quatro jogos de imagens da Dinâmica da Desconstrução dos Estereótipos.

ROTEIRO PARA DISCUSSÃO DO CASO

O roteiro da aplicação foi desenhado para atingir o propósito do Caso de Estudo, que é sensibilizar, conscientizar e reduzir os vieses inconscientes, crenças e estereótipos das pessoas participantes em relação às mulheres.

O grupo deve ser de até 20 pessoas e a duração será de três horas (180 minutos), com um intervalo de 20 minutos. Dessa forma, serão acessados os diferentes aspectos emocionais e inconscientes das pessoas participantes.

A aplicação do caso está dividida em três partes:

- **Parte 1:** conectando emocionalmente as pessoas ao tema.
- **Parte 2:** percebendo seus próprios vieses inconscientes e a necessidade individual por transformação.
- **Parte 3:** como podemos em conjunto reduzir os vieses inconscientes para acelerar a diversidade de gênero na Construtora Meirelles & Silva?

PARTE 1: CONECTANDO EMOCIONALMENTE AS PESSOAS AO TEMA (35 MINUTOS)

Nos primeiros cinco minutos, sugere-se que a pessoa responsável por moderar o caso realize uma abertura informando os objetivos do encontro e, em seguida, peça para que cada participante pegue uma etiqueta em branco (que já deve estar na mesa) e escreva o seu apelido ou a forma como gosta de ser chamado ou chamada.

A primeira atividade da Parte 1 será a "Dinâmica dos Estereótipos" e deve ter duração de 15 minutos. A pessoa moderadora pede que cada participante se levante, pare na frente de uma pessoa que não conhece e, apenas olhando para a pessoa, sem trocar nenhuma palavra, tente responder às três perguntas:

1) Qual é o cargo dessa pessoa?

2) Qual é a formação profissional dessa pessoa?

3) Qual é o *hobby* dessa pessoa?

Enquanto as pessoas realizam a dinâmica, sugere-se que a pessoa moderadora desenhe a tabela abaixo na lousa.

Tabela 4: Dinâmica dos Estereótipos

Respostas corretas	Quantidade de respostas
3	
2	
1	
Nenhuma	

Fonte: a autora.

Após três minutos, a pessoa moderadora pede para que as pessoas participantes deem as respostas e verifiquem quantas respostas estão corretas. Após as respostas, cada participante volta para o seu lugar.

A pessoa moderadora pergunta quantas questões cada pessoa do grupo acertou: três, duas, uma ou nenhuma e anota a quantidade de respostas na tabela.

Então a pessoa moderadora solicita que duas pessoas participantes comentem sobre a atividade e os pressupostos inconscientes.

Em seguida, a pessoa moderadora explica que julgamos as pessoas pelos estereótipos, que são um conjunto de crenças compartilhadas socialmente sobre as características de pessoas de um grupo social.

A segunda atividade da Parte 1 deve ter duração de 15 minutos e consiste em conectar emocionalmente as pessoas participantes do tema. A pessoa moderadora irá convidá-las a assistirem a três vídeos:

- **Vídeo A** – estereótipos de profissões que associamos desde crianças (2min e 7s). INSPIRING THE FUTURE ONG. Redraw the balance, 2017. Disponível em: https://youtu.be/kJP1zPOfq_0.
- **Vídeo B** – crenças que criam modelos mentais do papel social de gênero. (2 min). ARIEL INDIA. Why is laundry only a mother's job, 2015. Disponível em: https://youtu.be/RVdlduwtEdE.
- **Vídeo C** – Mulheres em Ciências: as nossas referências e associações inconscientes na escola são masculinas (1min e 55s). MICROSOFT. Make whats next, 2016. Disponível em: https://youtu.be/tNqSzUdYazw.

Após assistirem aos três vídeos, a pessoa moderadora comenta que os vídeos mostram as associações inconscientes, estereótipos e crenças dos papéis sociais dos gêneros que vamos construindo e armazenando ao longo da vida, e convida ao menos duas pessoas participantes para compartilharem as suas percepções.

Ao final da Parte 1, espera-se que as pessoas participantes estejam sensibilizadas sobre os estereótipos e crenças dos papéis sociais dos gêneros.

PARTE 2: PERCEBENDO SEUS PRÓPRIOS VIESES INCONSCIENTES E A NECESSIDADE INDIVIDUAL POR TRANSFORMAÇÃO (50 MINUTOS)

A primeira atividade da Parte 2 será a "Dinâmica dos Vieses de Afinidade", com duração de 15 minutos. A pessoa moderadora entrega uma folha com a próxima tabela impressa para que cada participante preencha individualmente, acompanhando as orientações a seguir.

Tabela 5: Dinâmica dos Vieses de Afinidade (sem todas as informações)

1							
2							
3							
4							
5							

Fonte: a autora.

A pessoa moderadora pede que cada participante preencha a primeira coluna com o nome das cinco pessoas colegas de trabalho que ele ou ela mais confia. Após alguns minutos, a pessoa moderadora pede que o participante acrescente, na coluna ao lado do nome, a idade e, em seguida, o gênero, a raça, se essa pessoa possui alguma deficiência, a orientação sexual afetiva e, por último, a formação profissional. A tabela final deve ficar preenchida igual à tabela 6.

Tabela 6: Dinâmica dos Vieses de Afinidade (com todas as informações)

	Nome	Idade	Gênero	Raça	Possui alguma deficiência	Orientação sexual	Formação profissional
1							
2							
3							
4							
5							

Fonte: a autora.

Após o preenchimento de todos os dados, a pessoa moderadora solicita que cada participante faça uma autoanálise do quanto há ou não de diversidade na sua tabela.

Essa pessoa moderadora explica que temos um forte viés de afinidade, que é a tendência em confiar e nos relacionar com as pessoas com quem sentimos afinidade, as que mais se parecem conosco, seja na aparência, gênero, raça, *hobby*, entre outros, e também evitamos nos relacionar com as pessoas que são diferentes de nós.

Em seguida, a pessoa moderadora convida duas ou três pessoas participantes para compartilharem as suas percepções e responder à questão: como é para você trabalhar com pessoas diversas?

A segunda atividade da Parte 2 será a "Dinâmica da Desconstrução dos Estereótipos" e deve ter duração de 15 minutos. A pessoa moderadora entrega, para cada mesa, as seis imagens da Tabela 7 com homens de maneiras variadas — no papel de cuidadores, vestimentas e comportamentos culturais diferentes — e pede que as pessoas participantes emitam suas opiniões no seu grupo sobre estas imagens:

- O papel social dos homens está diferente do que as pessoas estão habituadas a ver?
- Qual delas está mais adequada aos padrões associados aos homens brasileiros?

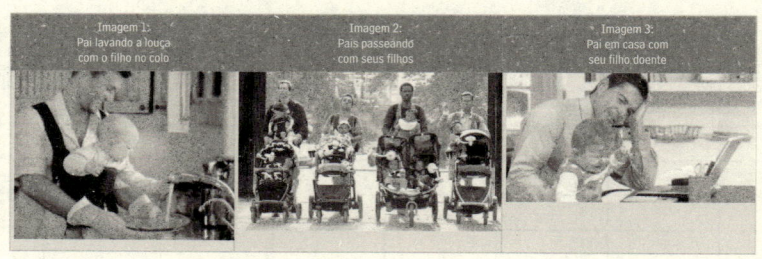

Tabela 7: Dinâmica da Desconstrução dos Estereótipos

Imagem 1: Pai lavando a louça com o filho no colo
Imagem 2: Pais passeando com seus filhos
Imagem 3: Pai em casa com seu filho doente

Fonte: a autora

Imagem 4: Amigos turcos andando de mãos dadas
Imagem 5: Homens escoceses usando saia
Imagem 6: Homens numa sala de reunião

Fonte: a autora.

Então a pessoa moderadora inicia uma roda de conversa. Ao final, explica aos participantes que inconscientemente ainda temos uma forte associação do cuidar e dos comportamentos afetivos apenas relacionados às mulheres.

A terceira atividade da Parte 2 tem duração de 20 minutos. A pessoa moderadora mostra o seguinte vídeo sobre viés inconsciente.

- **Vídeo D** – Você é preconceituoso? Eu sou, Kristen Pressner (8 min e 40s). TEDx Talks. Você é preconceituoso? Eu sou, Kristen Pressner, 2016. Disponível em: https://youtu.be/Bq_xYSOZrgU

Ao final do vídeo, a pessoa moderadora pode comentar que os vieses são tão profundos e inconscientes que, mesmo quando a pessoa vivencia a situação, como no caso da executiva de Recursos Humanos, Kristen Pressner, eles precisam ser notados e trazidos para o consciente para que sejam percebidos.

A pessoa moderadora solicita que as pessoas participantes compartilhem com o grupo da sua mesa as seguintes questões:

- Conte para o grupo como foi realizar o Teste de Associação Implícita.
- Quais foram os seus sentimentos e como você percebe que os seus vieses se manifestam no seu trabalho?

Após oito minutos de conversa nas mesas, a pessoa moderadora solicita que ao menos duas pessoas compartilhem as percepções gerais das pessoas do grupo com toda a sala.

Ao final da Parte 2, espera-se que as pessoas sejam capazes de perceber seus próprios vieses inconscientes.

Entre a Parte 2 e Parte 3, sugere-se um intervalo de 20 minutos.

PARTE 3: COMO EM CONJUNTO PODEMOS REDUZIR OS VIESES INCONSCIENTES PARA ACELERAR A DIVERSIDADE DE GÊNERO NA CONSTRUTORA MEIRELLES & SILVA? (50 MIN)

O objetivo da segunda atividade da Parte 3 é propor ações, por meio de uma dinâmica colaborativa, para reduzir os vieses inconscientes e aumentar o número de mulheres na construtora Meirelles & Silva. As respostas das questões serão a base para estruturar um Plano de Ação na empresa. Esta atividade tem duração de 50 minutos.

Questões a serem respondidas:

- **Questão 1:** Como podemos reduzir os vieses inconscientes dos líderes e gestores da construtora Meirelles & Silva para aumentar o número de mulheres?
- **Questão 2:** Quais dinâmicas, vídeos e exercícios foram mais impactantes para conscientizar você sobre os seus próprios vieses inconscientes e por quê?
- **Questão 3:** Quais podem ser os maiores desafios e as principais barreiras para a diversidade de gênero acontecer na construtora Meirelles & Silva e como superá-los?

Informações importantes sobre a dinâmica:

- Papel da Pessoa Anfitriã: uma pessoa de cada mesa deve se voluntariar para ser o anfitrião ou a anfitriã. O papel dessa pessoa é colher todas as informações, anotar no *flipchart* ou cartolina e apresentar ao final para todo o grupo. Toda vez que a pessoa anfitriã trocar de mesa, ela deve apresentar os pontos anotados da conversa com o grupo anterior, para não haver repetição das ideias, e deve estimular a participação das pessoas participantes e garantir que todas as pessoas sejam incluídas na conversa.
- Todas as pessoas participantes responderão às três questões propostas, exceto a pessoa anfitriã, que será responsável apenas pela sua questão. Serão três rodadas. A primeira rodada deve ter dez minutos e as seguintes devem ter oito minutos de duração. Cada mesa responde a uma questão de cada vez.
- No final, cada pessoa anfitriã terá até cinco minutos para apresentar as respostas da sua questão.
- A pessoa moderadora deve controlar os tempos e avisar às pessoas anfitriãs o momento de trocar de mesa.

FINALIZAÇÃO DO CASO DE ENSINO (25 MIN)

Para finalizar as atividades, é fundamental que cada participante faça uma autoanálise da sua transformação e compartilhe com toda a sala. A pessoa moderadora pede para que cada pessoa participante relate, em poucas palavras (no máximo, um minuto), como foi a sua experiência na dinâmica.

A pessoa moderadora agradece à participação de todas as pessoas e finaliza com o vídeo:

- **Vídeo E** – É fácil rotular as pessoas, colocando-as em caixinhas, mas quando você convive com elas, percebe que tem mais coisas em comum do que imagina! (3 min). TV 2 Danmark. All that we share, 2017. Disponível em: https://youtu.be/jD8tjhVO1Tc

Ao final do encontro, espera-se que as pessoas estejam:

- Sensibilizadas em relação aos estereótipos e crenças de gênero.
- Conscientes de seus próprios vieses inconscientes.
- Emocionalmente inspiradas para serem agentes de transformação em suas organizações.

REFERÊNCIAS:

231 MLODINOW, L. *Subliminar: como o inconsciente influencia nossas vidas,* São Paulo: Editora Zahar, 2014.

232 ZAK, P. *The physiology of moral sentiments.* Journal of Economic Behavior & Organization. v.77, n.1, January, 2011.

233 NIELSEN, T. *Inclusion Nudges Guidebook: Practical Techniques for changing Behaviour, Culture & Systems to Mitigate Unconscious Bias and create inclusive organisations.* 2.ed., 2016.

CAPÍTULO 28:
DEPOIMENTO DE THEO VAN DER LOO

Homem branco, heterossexual e aliado da diversidade e inclusão e membro de conselhos consultivos, com mais de 40 anos de experiência em gestão na indústria farmacêutica

Comecei a me interessar por diversidade e inclusão no final dos anos 1980. Foi algo intuitivo. Nem me dei conta do que estava fazendo. Em 1988, entrei para uma empresa farmacêutica em que mais de 90% do faturamento vinha de produtos voltados para a saúde da mulher. Mas não havia nenhuma mulher trabalhando em *marketing* e vendas.

"Não faz sentido não termos mulheres nessas áreas", falei para a liderança na época. A provocação causou desconforto. Houve resistência. Alguns homens tentaram justificar a situação. Até porque, de forma geral, quase não havia mulheres atuando nessa área dentro da indústria farmacêutica. Mas outros disseram que o questionamento fazia sentido. Na próxima ocasião, iriam procurar contratar mulheres.

Quando temos apoio de colegas de trabalho, conseguimos gerar transformações nas empresas e na sociedade. Atualmente, aproximadamente metade desses profissionais são mulheres. Hoje, olhamos para trás e nem nos damos conta da evolução que existiu. Tenho muita esperança de que acontecerá o mesmo com a questão racial.

Passei alguns anos fora do Brasil e, quando voltei, em 2002, comecei a questionar por que não havia mais pessoas negras nos escritórios e na área de *marketing* e vendas — apenas nas fábricas. Então, em 2004, promovemos a primeira mulher negra à equipe de vendas.

Em seguida, passei novamente outro período fora do Brasil. Regressei em 2011 e voltei a questionar a falta de afro-brasileiros na empresa. Em 2014, fui conversar com aquela profissional negra e outro colega, também negro. Pedi ajuda. Eu não sabia bem como lidar com a questão racial. Tinha medo de cometer erros. Eu me dei conta de que vivia em um casulo, convivendo apenas com pessoas parecidas comigo.

Comecei a me questionar muito. Ficou claro que o papel de um homem branco é o lugar de escuta. Somos educados a responder, contestar, justificar. Não somos treinados a escutar e não julgar. Temos que aprender a ouvir histórias e a refletir sobre o que nos contam. Foi o que comecei a fazer.

Homens brancos heterossexuais têm um papel importante nessa transformação porque a falta de diversidade foi gerada por nós. Quem tem o poder perpetuou essa situação. Essa reflexão é muito importante. Algumas pessoas dizem: "Todo mundo é igual, todo mundo pertence à raça humana". Mas então eu pergunto: me explique por que 95% dos cargos de liderança nas empresas são ocupados por homens brancos, se somos todos "iguais"?

É uma ilusão imaginar que esses 95% de líderes são muito melhores do que o restante da população (mulheres negras e brancas, homens negros, pessoas com deficiência, pessoas LGBTQIA+ etc.). Homens brancos, como eu, precisamos fazer um tipo de "*reset*", pois de certa forma fomos programados para ser assim.

Para avançar com a pauta, é essencial ceder espaço para outras diversidades. Fico imaginando tudo o que perdemos como sociedade. Existe muito talento represado. Muitas pessoas nasceram e morreram sem ter a oportunidade de mostrar o seu potencial e os seus talentos. Nós, como sociedade, deixamos de usufruir disso.

Se tivéssemos tido mais diversidade no passado, teríamos muito mais inovação hoje. Avançamos muito em tecnologia, mas pouco em relação à humanidade. Às vezes me pergunto: se as mulheres e as pessoas negras tivessem mais protagonismo no passado, será que nossa história seria a mesma? Será que teríamos tido tantas guerras, tanta desigualdade?

Em 2013, quando eu era CEO de uma multinacional, a questão de gênero começou a ser discutida globalmente na empresa. Eu já estava com a questão racial e social em mente. Na Alemanha, onde fica a sede da empresa, não havia tantas pessoas negras. Mas me deram liberdade para criar o nosso caminho no Brasil.

A questão racial me tocou muito devido ao tamanho da injustiça e ao fato de ser algo crônico. As pessoas negras não sofrem microagressões uma vez na vida — podem ser várias vezes ao dia. Ganhar essa consciência foi um despertar.

Comecei a ver como eu estava errado em alguns temas, entre os quais acreditar em meritocracia ou que eu não era racista. Será que realmente não tenho preconceito? Obviamente que não sou o protagonista da causa, mas tampouco posso ser apenas um espectador, um simpatizante.

Não existe uma receita perfeita. Sabíamos que erraríamos e aprenderíamos com a questão de gênero e as pessoas negras. Montamos um comitê de diversidade e inclusão e, em seguida, criamos os Grupos de Afinidade. Começamos a dar espaço para os comitês terem agendas próprias. Antigamente, esse tipo de conversa sequer era incentivado nas empresas.

Lembro a primeira vez que ouvi a expressão "homem tóxico". Pensei nos chefes tóxicos que eu tivera. Mas será que eu era tóxico? Isso assusta. Parece que é tudo culpa do homem branco e que a diversidade é tudo menos o homem branco. Não é assim. É tudo junto com o homem branco. Mas, como ainda ocupamos mais espaços de poder, temos o poder de acelerar a mudança que tanto precisamos.

Um estudo recente mostrou que 65% das empresas no Brasil ainda não têm uma estratégia concreta de diversidade e inclusão. A mudança só acontecerá quando o alto escalão estiver convencido, atuando de forma genuína e bem-intencionada de que é preciso mudar. O engajamento precisa ser constante. Caso contrário, voltamos para o piloto automático.

Acredito que esteja na hora de deixarmos de fazer estudos para mostrar como a diversidade e a inclusão geram mais lucro para os negócios. Isso não toca o coração de ninguém. O correto é fazer porque é o certo. Não é normal não termos pessoas de grupos minorizados (que representam a maioria da população) na liderança.

Quando fazemos um estudo para justificar que a diversidade e a inclusão são boas estratégias para o negócio, no fundo estamos reconhecendo que o padrão "normal" é ter homem branco heterossexual no comando. E é necessário justificar tudo o que está fora desse padrão. Deveria ser o contrário.

Por que os homens brancos não mostram os estudos que lhes concederam esse privilégio? A posição de poder foi ocupada. Não foi conquistada. E se parássemos de fazer estudos e investíssemos energia para incluir mais diversidade? Trocando experiências entre empresas, compartilhando os erros e os acertos.

O único risco que a inclusão e a diversidade podem oferecer para as empresas é o risco de não fazer nada e deixar tudo no piloto automático, achando que as coisas irão melhorar por si só, com o tempo. Muitas vezes temos o hábito de identificar bem o problema, fazer o diagnóstico e depois acreditar que "alguém" solucionará a questão. A mudança começa dentro de cada um de nós.

CAPÍTULO 29:
DEPOIMENTO DE MELISSA CASSIMIRO

Mulher trans, negra, advogada e consultora de projetos

Quando entendi que eu era uma pessoa transgênero, comecei a trabalhar a questão comigo mesma. Não era o tipo de notícia que eu contaria para a empresa no dia seguinte. Deixei o cabelo crescer. Fiz cirurgias durante as férias. Passei um ano trabalhando com o mesmo agasalho largo e sutiã cirúrgico, para disfarçar a prótese de silicone.

Quando o que chamo de "equação do incômodo" bateu e eu estava pronta para me apresentar ao mundo como transgênero, comuniquei para a consultoria onde eu trabalhava há três anos que faria a transição. Isso aconteceu em maio de 2017. Eu estava com 35 anos e tinha um cargo de coordenadora.

Eu não sabia como a liderança responderia à informação. Por mais que eu tivesse bons resultados e fosse promovida há alguns anos, e consecutivos, as pessoas poderiam aceitar a princípio, mas me desligar depois de pouco tempo.

Ainda assim, eu estava tranquila. Se isso acontecesse, eu estava disposta a aceitar um *downgrade* de carreira ou buscar empregos que exigissem menos qualificação técnica, mesmo que precisasse fazer uma dupla jornada de trabalho.

Felizmente, o contrário aconteceu. Durante as minhas férias — antes de voltar "transicionada", como combinei com o RH —, a empresa fez um treinamento mandatório em vieses inconscientes para todas as pessoas. Foram dois dias dedicados ao tema. Ao final, eles comunicaram à alta liderança que a primeira funcionária trans estava fazendo a transição. "Estamos vestindo a camisa dela", disseram. "Ela volta dia tal, é de tal equipe e se chama Melissa. Avisem as demais pessoas".

A partir daí, surgem as perguntas. Ela é operada? É casada? O cabelo comprido é dela mesmo? Todo mundo queria saber quem era a Melissa. No meu primeiro dia de reintegração, a empresa não permitiu que pessoas de outros andares circulassem pelo meu andar. Foi uma boa proteção, para evitar olhares curiosos.

Tanto na empresa quanto fora, um dos assuntos que causa mais polêmica é o banheiro. Já frequentei o masculino e o feminino. Quando o lugar tem banheiro para pessoas com deficiência, opto por esse. Na empresa, quando eu ia ao masculino e entrava algum visitante que não trabalhava lá, ele pedia desculpa por ter entrado no banheiro errado. "Não, você está certo", eu respondia. "Eu também".

Nada é natural para as pessoas transgênero. Tudo precisa ser calculado previamente. Algumas meninas são proibidas de acessar o banheiro do *shopping* — vem alguém correndo atrás impedir. Quando você vai a um bar, pensa que, se beber, terá vontade de ir ao banheiro. É um desconforto.

São situações socialmente absurdas. De qualquer forma, sei que tenho vantagens que me colocaram à frente. Não sofri a ruptura familiar que acontece com a maioria das pessoas trans, expulsas de casa aos 13 anos. Minha sexualidade demorou a aflorar. Sempre estudei muito. Meu pai pagou a minha faculdade. Por conseguir acessar o mercado de trabalho e ter uma transição tardia, a prostituição nunca chegou perto de mim, diferentemente do que acontece com 90% das mulheres trans.

Os dados da Associação Nacional de Travestis e Transsexuais (ANTRA) são assustadores, sendo que um deles indica que 0,02% das pessoas trans cursam ou concluíram o estudo superior. Esse é um dos pontos que dificulta a empregabilidade. Por outro lado, se imaginarmos os números de dez anos atrás, já evoluímos muito — e essa tendência seguirá.

Mas ainda precisamos trabalhar os outros 99,98% e romper esse ciclo que afeta a vida de pessoas trans. O processo começa na ruptura familiar aos 13 anos, o que gera falta de acesso a diversos locais — incluindo instituições de ensino —, o que, por sua vez, afeta a empregabilidade e, por fim, leva à triste e assustadora expectativa média de vida de apenas 35 anos.

Em 2020, lideramos o *ranking* de países que mais matam pessoas trans e travestis pelo 13º ano consecutivo. Dos 175 assassinatos, todos foram cometidos contra pessoas trans que expressam o gênero feminino. Eram todas mulheres trans, não homens trans. E em 78% dos casos a vítima era uma mulher negra, o que nos mostra que os preconceitos são interseccionais. Além da transfobia, existe muito machismo e racismo também.

Para mim, algumas cirurgias foram importantes. Mas precisamos parar de exigir a figura binária das pessoas trans — ou masculina ou feminina. Hoje existe muito mais espaço para as pessoas se reconhecerem como não binárias. Ser de um gênero, ou de nenhum, ou dos dois. São o que são e ponto.

Essa humanização da pessoa trans é um ponto sem o qual não podemos pensar em uma evolução. Isso significa enxergar que a estética da pessoa trans não precisa ser binária. Quando exigimos ou partimos dessa premissa, estamos cometendo uma violência de redução do papel dessa pessoa na nossa sociedade.

Fui a primeira pessoa trans na consultoria. Recentemente, já éramos 26 pessoas. Cada pessoa trans nunca será igual à outra. Estima-se que 2% da população sejam transgênero — ou não cisgênero. Precisamos pleitear políticas de saúde e direitos para essas pessoas.

Percebo que os preconceitos mais difíceis de quebrar estão relacionados a crenças religiosas e dados científicos ultrapassados. É mais difícil abrir um diálogo com essas pessoas, por elas terem crenças enviesadas e dificuldade para exercer a escuta. Mas é fundamental mostrarmos exemplos para criar conexões e desconstruir os vieses inconscientes que existem, mesmo quando as pessoas não os admitem.

Quando as pessoas me perguntavam qual era o meu próximo desafio, eu sempre dizia que era ser contratada como mulher trans. Afinal, na consultoria vivi um processo de reintegração. Quatro anos depois, acabo de ser contratada por uma nova empresa, que me incluiu como mulher trans pelas minhas habilidades e competências.

CAPÍTULO 30:
DEPOIMENTO DE ELIANE PELEGRINI RANIERI

Mulher branca, com deficiência, consultora de diversidade & inclusão e membro do Grupo Diretor da REIS — Rede Empresarial de Inclusão Social

A população brasileira ainda é muito assistencialista. Ao ver uma pessoa com deficiência, costuma pensar: "Como posso te ajudar?" Mas essa ajuda vem no sentido de proteção, de assistência — não com o intuito de oferecer as ferramentas necessárias para que a pessoa com deficiência trabalhe de igual para igual.

Isso é ruim para nós. Queremos ser vistas como pessoas. Mas ainda lutamos com essa questão cultural. Outras frases frequentes são: "Ai, coitada"; "Você é uma guerreira"; "Você está sempre alegre, fazendo tudo — como eu queria ser igual a você". Sem querer, essas pessoas falam de uma forma como se não fôssemos humanas. Claro que também fico triste ou com raiva. Não estou fortalecida o tempo todo.

O assistencialismo é ruim e destrói a nossa autoestima. Mas ele não é feito para o mal. As pessoas não têm a intenção de ferir. Já o capacitismo tem.

Isso acontece quando duvidam da nossa capacidade. Há quem foque no que a pessoa com deficiência não pode ou não consegue fazer, em vez de olhar para o que ela pode e consegue fazer. Como não acreditam que a pessoa com deficiência seja capaz, a desconsideram.

Nesses casos, a pessoa com deficiência não é promovida, não tem oportunidades. Não gosto de ser parâmetro porque tive muita sorte. Quando comecei a trabalhar, 36 anos atrás, entrei em uma das multinacionais mais avançadas em políticas para pessoas com deficiência. Sempre fui convidada para treinamentos e outros eventos. Consegui construir uma carreira.

Também nunca culpei as outras pessoas pelo que acontecia. Sempre procurei entender de onde vinha o comportamento. Por que as pessoas agem dessa maneira? Porque foram ensinadas assim. Tive amigos com deficiência que ficaram em instituições. A sociedade se acostumou a ver essas pessoas sendo cuidadas em hospitais, muito mais do que batalhando como todo mundo.

Estou com 62 anos. Tive poliomielite com seis meses de idade. Na época, não existia a vacina Sabin. Fiquei com diversas sequelas. Fiz várias cirurgias para ter a condição física que tenho hoje. Isso atrasou a minha carreira. Por isso, sempre digo que todos precisam entender que o ponto de partida das pessoas é diferente.

Como fiz muitas cirurgias, cheguei a passar dois anos inteiros de cama em recuperação, seguidos de anos de reabilitação. Comecei a trabalhar somente aos 26 anos, mas minha carreira começou mesmo aos 30. Essa desvantagem fez com que eu precisasse me esforçar muito mais para ganhar espaço.

Mesmo agora que a diversidade e a inclusão já são assuntos amplamente discutidos, ainda é difícil imaginar que uma empresa dê uma oportunidade de trabalho para alguém sem experiência profissional até os 26 anos e com deficiência. Mas, apesar do atraso para começar, a deficiência não impediu que eu conquistasse meu espaço profissional.

Lembro como a minha liderança falava que tudo o que eu passara na vida havia fortalecido minhas habilidades emocionais e comportamentais — e como isso ajudava no ambiente interno da empresa. Se a liderança não tivesse tido esse olhar, eu não seria a Eliane de hoje. Não teria feito tudo o que fiz.

A sociedade é muito imediatista. Tudo precisa ser rápido. Os resultados precisam vir depressa. Tudo é descartável. Mas uma pessoa que traz um histórico de desvantagem social e cultural poderá levar mais tempo para se desenvolver. Se a organização não tiver esse conhecimento e entendimento, provavelmente irá descartá-la rapidamente.

A liderança não contrata uma pessoa isoladamente da realidade em que ela viveu. É fato que precisamos de uma série de ferramentas. Se a empresa fornecer esses instrumentos, trabalharemos igual a todas as outras pessoas. Temos capacidade de produção. Mas de um jeito diferente.

Embora o tema tenha avançado e a Lei de Cotas tenha 30 anos, ainda não superamos o percentual de 1% de contratação. Por quê? Porque a cultura não mudou. Não abandonamos a visão de ajuda e assistencialismo. É a suposição de que a pessoa trará mais problema do que resultado — algo que vale para todos os grupos minorizados: gênero, raça e etnia e comunidade LGBTQIA+.

Ainda temos que percorrer um longo caminho. Por mais que as empresas tenham boa vontade e até engajamento, a grande massa da liderança ainda não contrata pessoas com deficiência. Não é por maldade. Essas pessoas são cobradas por resultado. O retorno precisa ser rápido. Se isso não acontecer, elas também estão em risco.

Trazer uma pessoa com deficiência demandará tempo até que ela consiga alçar voo. Mas as lideranças não têm esse tempo. As organizações precisam ter mais flexibilidade de processos para acomodar as reais necessidades de cada pessoa. Não podemos acreditar que todas as pessoas têm as mesmas histórias e experiências.

A multinacional de informática onde trabalhei de 1984 a 2017 mudou alguns processos. Eu me aposentei como líder de diversidade e inclusão para a América Latina. Mas entrei na área de *call center*, hoje chamada de *customer experience*. Como eu tinha dificuldade para caminhar e não conseguia atender ao tempo de quinze minutos do intervalo para ir ao banheiro, levei a situação para a gerência. Consegui trinta minutos — e comecei a entrar quinze minutos mais cedo.

Essa flexibilidade passou a valer para todas as pessoas que tinham alguma dificuldade. Mas percebo muitos casos em que a pessoa não fala sobre a sua dificuldade com a liderança. Pessoas com deficiência são acostumadas a aceitar tudo porque têm medo de dizer algo e serem desconsideradas para novas oportunidades ou até demitidas.

Precisamos ter mais disponibilidade para ver o valor de cada pessoa. Aprendemos muitas coisas erradas. Nos disseram que não podemos falar com a pessoa com deficiência, não podemos tocá-la, não podemos chateá-la. Se não podemos nada, a excluímos. Por isso, precisamos desapegar do que aprendemos. O passado serve para apontar o que não devemos mais fazer.

Anos atrás, conheci o professor João Ribas, pessoa com deficiência que liderava a área de diversidade na Serasa Experian. Ele já faleceu, mas nos deixou um legado gigante sobre inclusão no mercado de trabalho. Pioneiro no tema, sempre dizia para não nos esconder atrás das deficiências, nos incentivava a buscar atualização e especialização e conclamava as empresas a acreditar que trazíamos resultados.

Segundo o professor, a lei de cotas é voltada para um grupo de pessoas com deficiência, mas não é voltada para cada um de nós. Gosto muito da forma como ele traduziu a nossa busca: "Queremos que as empresas nos enxerguem não como cota, obrigação legal ou favor, mas, sim, que nos considerem porque, de alguma forma, somos insubstituíveis".

CAPÍTULO 31:
DEPOIMENTO DE ISMAEL DOS ANJOS

Coordenador de "O Silêncio dos Homens"
e cofundador do Instituto de Defesa da População Negra

Não tive um momento específico em que percebi que ser um homem negro era diferente de ser um homem branco. Foi um percurso, uma construção. Sou filho de um homem negro com uma mulher branca. A história do meu pai é parecida com a de grande parte da população brasileira. Ele perdeu o pai quando tinha dois meses. Seu irmão Ismael, tio de quem herdo o nome, foi assassinado.

Para o meu pai, o principal sinal de masculinidade era a sobrevivência, a força, a dureza. Esses eram os valores que ele passava para mim. No entanto fui criado em outra geração, em outro momento. Sempre fui muito emotivo. Para quem acredita em signos, sou câncer com ascendente em peixes. Crescer com o meu pai era estranho e restritivo.

Quando me mudei de Belo Horizonte para São Paulo, trabalhei em algumas revistas masculinas da Editora Abril. Para mim, era surreal vender aquelas publicações para um homem que eu não conhecia, não entendia e sequer pensava que deveria existir. Eu não acreditava no trabalho que fazia.

Entendo que precisávamos falar das masculinidades no plural. O mundo foi organizado ao redor de uma masculinidade hegemônica, que controla todas as outras. É a branca, cisgênero, heterossexual e rica. Mas existe uma série de outras masculinidades: transgêneros, negras, gays, bissexuais.

Em um país como o nosso, não podemos pensar que todos os homens são iguais. Por exemplo: o homem ganha mais que a mulher. Mas qual homem? Qual mulher? Homens negros com ensino superior ganham em média 29% do salário dos homens brancos. Eles também são a maioria da população carcerária. Os meninos negros representam a maior evasão escolar. Um jovem negro morre a cada 23 minutos.

Os pilares sociais de sucesso não estão acessíveis para os homens negros. Em compensação, todas as estruturas sociais de coerção e controle de corpos estão viradas para nós. Para que homens de masculinidades subalternizadas possam criar outras maneiras de ser e viver, precisamos eliminar o conceito de uma masculinidade única.

A promessa de poder que o patriarcado oferece não está disponível aos homens subalternizados. Os homens negros matam e morrem tentando alcançar esse lugar de poder. Dados do projeto O Silêncio dos Homens, coordenado por mim durante o período em que trabalhei no portal Papo de Homem, mostram que 85% dos homens foram ensinados a serem bem-sucedidos.

No entanto não existe espaço no pódio para todos. Mas será que todo homem deveria aspirar ser CEO? Todo homem quer esse poder? E certamente não há espaço para homens trans e negros, exceto para sucesso em espaços específicos, como a música e o futebol.

O processo de incluir essas outras masculinidades implicará em uma perda de espaço para o homem branco. O espaço social, afinal, é finito. O homem branco que ocupa 80% das posições de poder perderá algum espaço de privilégio. É engraçado quando falam contra cotas, pois não querem se dar conta de que quem tem cotas de espaço garantido, até agora, são eles.

Algumas pessoas que são parte do problema precisam entender que devem ser parte da solução. Homens que veem números de estupros e feminicídios no Brasil deveriam pensar: "Será que o que estou falando é piadinha?"; "Será que meu amigo é violento?"; "Sou parte disso?"; "Como mudar?".

As mulheres já não aceitam mais comportamentos que há algumas décadas pareciam normais. Elas fazem jornada dupla, são chefes de famílias. Em mais de 40% das famílias, são as provedoras do lar. Existe uma crise instaurada para os homens. Aquele modelo antigo de homem não funciona mais. Esse homem vê duas opções: se agarrar ao que o trouxe até aqui ou pensar nas escolhas que fará a partir de agora.

A doutora Cida Bento cunhou o termo "pacto narcísico da branquitude", que tem um significado que expande o que algumas empresas trabalham como viés de afinidade. Como Narciso, as pessoas brancas acham bonito apenas o que veem no espelho. E assim se contratam, se elogiam, se premiam, se acham bonitas, como se o mundo todo fosse ou devesse ser à sua imagem e semelhança.

Os vieses inconscientes de gênero, presentes desde a mais tenra idade, ditam o que se espera de um menino. Os homens criaram uma arapuca para si. Sentimentos humanos, como empatia, amor e emoção, passaram a ser considerados coisas de mulher. O que sobra?

Quando esses vieses se quebram, a pessoa sai do automático. O CEO que sai quinze minutos mais cedo do escritório e deixa de esconder que o motivo é para buscar a criança na escola, dá um recado. Se ele passa essa mensagem, outras pessoas entendem que também podem fazer o mesmo.

O exemplo é fundamental. Meu filho sempre assistia ao programa "My Little Pony" na televisão. Pediu uma cozinha de brinquedo e nunca teve problema em brincar de cozinhar ou lavar louça, pois me via fazendo. Um belo dia, ganhou uma camisa rosa de presente. Ele se recusou a usar porque era cor de menina. Onde ele aprendeu isso?

Percebi que eu não vestia rosa. Não tinha nada contra, mas aparentemente também não tinha nada a favor. "Opa!", pensei. Estou passando recados não verbais sobre o que é ser homem. Passei a comprar bermuda, camisa e outros itens rosas para mim. Eventualmente, ele passou a usar a camisa rosa sem problemas.

A quebra do silêncio dos homens tem muito poder. Os homens falam muito, interrompem as mulheres. Mas a raiva costuma ser uma das únicas emoções autorizadas no repertório masculino. Serve como resposta universal para medo, frustrações, tristezas e outras sensações. Precisamos ampliar esse repertório.

Para mudar essa realidade, acredito muito nas rodas de conversas. Reunir homens sem hierarquia para falar em primeira pessoa. A paternidade é outro gatilho que ajuda nessa transformação. Muitos homens que se tornam pais passam a ver um espelho à sua frente. Vou repetir o que o meu pai fazia comigo ou vou fazer diferente?

SOBRE A AUTORA

Cris Kerr é CEO da CKZ Diversidade, consultoria especializada em Inclusão & Diversidade fundada em 2009. É também professora de D&I na Fundação Dom Cabral, colunista da Revista Você S/A, idealizadora do primeiro Fórum sobre Diversidade na Liderança no Brasil, lançado em 2010, e do SuperFórum Diversidade & Inclusão, cujo propósito é apoiar as corporações a construir ambientes mais diversos e inclusivos, tornando-as mais saudáveis, inovadoras e sustentáveis. Na área acadêmica, é mestra em Sustentabilidade pela FGV, pós-graduada em Neurociência e Comportamentos pela PUC-RS, tem MBA em Gestão Estratégica e Econômica de Negócios pela FGV, pós-MBA Advanced Boardroom Program for Women pela Saint Paul Escola de Negócios e graduação em Publicidade e Propaganda pela FAAP.

LinkedIn: www.linkedin.com/in/cristina-kerr